Bernhard Wagner

Glücksorte
in
Baden-Baden

Fahr hin & werd glücklich

Dieses
Glücksbuch
ist für

Liebe Glücksuchende,

„Baden-Baden ist ein paradiesisches Eckchen", das wusste schon der russische Dichter Wassili Andrejewitsch Schukowski. Auch ich war sofort vom vielen Grün und der fast mediterranen Flora der Stadt fasziniert, als ich als Jugendlicher zum ersten Mal hierher kam. Später entdeckte ich dann als Musiker den mondänen Glanz und Luxus des Kurorts – im Europäischen Hof zu Silvester. Während meines Studiums ging es für mich in der Bäderstadt eher bodenständig zu: Ich verbrachte viel Zeit bei Bruschetta und Bier mit meinem Freund Augusto, gemeinsam büffelten wir Mathematik und Rundfunktechnik. Im legendären Café König genossen meine Zukünftige und ich schließlich Tea for Two. Baden-Baden war lange Zeit mein zweites Zuhause. Ich kam mit vielem in Berührung, besuchte mal die Spielbank, mal das Schloss, mal die Bäderlandschaft und erlebte Ende der 1990er den Abzug der französischen Soldaten.

Als ich nun für das Buchprojekt recherchierte, kam ich mit einem Füllhorn an Glücksorten in Berührung – darunter Altbekanntes, aber auch viel Neues. Ob beim Wandern im größten Stadtwald Süddeutschlands, beim Erklettern des Naturphänomens Battert, beim Staunen über die imposanten Sichtweiten vom Hausberg Merkur aus oder beim Schlendern in der weltberühmten Lichtentaler Allee: Ich bin zuversichtlich, dass auch Sie in und rund um das kürzlich völlig zu Recht als UNESCO-Welterbe ausgezeichnete Baden-Baden Ihre persönlichen Glücksorte zum Verweilen finden werden.

Ihr Bernhard Wagner

Deine Glücksorte ...

4

... noch mehr Glück für dich

"Glück"

Historisches Herzstück

Das Kurhaus: architektonisches Gesamtkunstwerk

Glanzvoller Mittelpunkt der Stadt: das Kurhaus. Schon im 18. Jahrhundert war es ein Hotspot, gern besucht von Tagestouristen, Kur- und Kongressgästen, Nachtschwärmern und Glücksspielern. Zu seinem Status beigetragen hat vor allem die Architektur, welche durch den klassizistischen Stil seit dem 19. Jahrhundert geprägt wurde: Der repräsentative weiße Mittelbau beeindruckt mit der von acht korinthischen Säulen getragenen Vorhalle. Schon damals schwärmten seine Besucher vom „Promenadenhaus" und „Conversationshaus". Seiner Zielsetzung ist es bis heute treu geblieben: ein Vergnügungsprogramm zu bieten, das den internationalen Gästen gerecht wird. Meilensteine setzte das Kurhaus so auch beim Olympischen Kongress 1981, bei der stets im TV übertragenen Proklamation der Sportler und Sportlerinnen des Jahres sowie dem Internationalen Oldtimer-Meeting, welches seit 1976 im Kurgarten große Automarken präsentiert. Auf dem politischen Parkett war es ebenfalls ein gewichtiger Austragungsort, etwa beim Gipfeltreffen von Staats- und Regierungschefs anlässlich des 60-jährigen Bestehens der NATO im Jahre 2009.

TIPP
Eine Führung durch die faszinierenden Spielsäle im Casino.

Die heimelige Atmosphäre rund um das Kurhaus schätzen alljährlich in der Vorweihnachtszeit Tausende von Christkindelsmarkt-Besuchern bei Glühwein- und Bratwurstduft samt den herrlich dekorierten Buden. So gesehen ist das Flair zeitlos geblieben – flanieren im Kurgarten; shoppen in den kleinen, feinen Läden der Kolonnaden; nur wenige Schritte davon entfernt den Konzerten in der sogenannten Konzertmuschel lauschen; abends das warme Licht der historischen Kandelaber vor dem Kurhaus auf sich wirken lassen.

Wer sich ins Innere des Gebäudes begibt, der kommt aus dem Staunen nicht heraus: da wäre die glamouröse Treppe in der Empfangshalle, dann das stilvolle Dinieren in den Restaurants, die prächtig ausgestatteten Gesellschaftsräume – etwa der Bénazetsaal, in dem die Großen der Welt sowie Stars und Sternchen auftreten; oder der rechte Seitenflügel, in dem auf Glücksritter die weltberühmte Spielbank wartet.

● Kurhaus Baden-Baden, Kaiserallee 1, 76530 Baden-Baden, Tel. (0 72 21) 35 32 04
https://kurhaus-badenbaden.de
● ÖPNV: Bus 201, 204, 205, 206, 207, 214, 216, 218, 243, 244, Haltestelle Leopoldsplatz

Königinnen des Herbstes

2

Farbenprächtige Blüten im Dahliengarten

Einen bedeutsamen Platz nimmt die „Königin des Herbstes" – die Dahlie – in der Bäderstadt ein. Bereits 1967 wurde ein Dahliengarten eröffnet. Doch aus Kostengründen wäre dieser lieb gewonnene farbliche Aufheller fast geschlossen worden – wären da nicht die 150 Mitglieder des Vereins der Freunde des Dahliengartens gewesen, die in den folgenden Jahrzehnten zielstrebig für den Fortbestand des Gartens inmitten der Lichtentaler Allee sorgten. Seither erfreuen sich die Besucher an 64 üppig bepflanzten Dahlienbeeten, die sich harmonisch in die Parklandschaft einfügen. Als besonderer Clou zeigt der Grundriss zwei überdimensionale „Dahlienblüten": eine in den Farben Rot, Orange und Gelb und eine zweite mit weißen, rosafarbenen und violetten Schattierungen. Ob dieser farbigen Pracht weiß das Auge gar nicht, welcher Sorte unter den 1800 Dahlien es seine Gunst schenken soll: den Ball- und Seerosendahlien etwa, oder doch den prächtigen Kaktusdahlien?

Der kostenlose Zugang zum Gelände stellt ein intensives Bewundern aus nächster Nähe sicher. Denkmäler für Clara Schumann, Johannes Brahms und Robert Stolz ergänzen das Blüten-Refugium. Alle drei Komponisten sind eng mit der Lichtentaler Allee verbunden. Ein Muss ist der Verweilpunkt im Bénazet-Pavillon, der zudem einen wunderbaren Ausblick auf die blühenden Dahlienbeete eröffnet.

Wenn im Oktober die Farbfülle ihrem Ende zugeht, werden die frostempfindlichen Knollen ausgegraben und an Interessenten verkauft, was das Einlagern über den Winter erspart. Beherzte Hände des Gartenamtes pflanzen dann Tulpenzwiebeln, die den Blütenreigen im Frühjahr mit mehr als 7000 Tulpen eröffnen, bevor im Mai die neue Dahlien-Saison beginnt. Der Dahliengarten wird vom Gartenamt immer wieder neu konzipiert, von ehrenamtlichen Helfern und professionellen Gärtnern gepflegt und alljährlich mit 20 bis 30 neuen Sorten ergänzt. Das Ergebnis: ein immer wieder überraschendes Blütenmeer!

● Dahliengarten im Bereich der Klosterwiese, Lichtentaler Allee, 76530 Baden-Baden
www.dahliengarten-baden-baden.com
● ÖPNV: Bus 201, 204, Haltestelle Aubrücke

Säulen und Wandbilder

3

Sie sind allesamt schön – die Trinkhallen der europäischen Kur- und Bäderstädte. Dass jedoch die Trinkhalle in Baden-Baden ein besonderes Juwel ist, hat mehrere Gründe: architektonische, malerische und ästhetische. Schon Moritz von Schwind – einer der populärsten Maler der deutschen Romantik – hat das Ensemble gelobt als „das eleganteste und zierlichste Gebäude unserer Zeit". Wegen seiner zu hohen Honorarforderung bekam er jedoch nicht den Auftrag, die 14 überdimensionalen Fresken in der Wandelhalle zu malen. Das war dem badischen Hofmaler Jakob Götzenberger überlassen, wobei die Planung der Bäder-Trinkhalle in den Jahren 1839 bis 1842 Heinrich Hübsch vorbehalten war.

Wer heute in der überdachten, 90 Meter langen offenen Halle mit 16 korinthischen Säulen schlendert, dem begegnen großformatige Kunstwerke, die Szenen aus Mythen und Sagen der Region sowie Ausflugsziele in der Umgebung zeigen – Bilderbuch und Reiseführer zugleich. Hinzu kommen weitere schmückende Darstellungen: Im Giebelfeld über der Mitteltreppe ist ein Relief des Bildhauers Xaver Reich mit einer Darstellung der Quellennymphe zu sehen. Über dem nördlichen Eingang ist der Einzug des „Türkenlouis" (Markgraf Ludwig Wilhelm) dargestellt und über dem südlichen Eingang – unmittelbar beim Café – sind Szenen der germanischen und römischen Geschichte präsent. Die größten Hingucker sind jedoch die Galerie-Wandfresken: beispielsweise die Darstellungen der Sagen zur Engels- und Teufelskanzel, die des mythischen Mummelsees oder die des Pfalzgrafen Otto Heinrich, der nach rascher Genesung mit dem Ausspruch „Bald reit ich wieder" sein Pferd bestiegen haben soll. Wer nach so vielen Begegnungen mit der badischen Geschichte auf der Sonnenterrasse der Café Bar Trinkhalle gemütlich seinen Cappuccino trinkt, kann alles nochmals Revue passieren lassen. Hier gibt es Frühstück, Kuchen und Bistrokost – Blick auf das Kurhaus inbegriffen.

● Trinkhalle mit Wandelgang, Kaiserallee 3, 76530 Baden-Baden
● ÖPNV: Bus 201, 204, 205, 206, 207, 214, 216, 218, 243, 244,
Haltestelle Leopoldsplatz

Wo die Wirtschaft tagt

Palais Biron: Salons und Park-Rosen

Wer entlang des Flüsschens Oos schlendert, dessen Blick wird unwillkürlich zum kleinen Hügel mit der zweistöckigen Villa – dem Palais Biron – gelenkt. Was seine Anziehung so kraftvoll werden lässt, sind der schöne baumbestandene Park, der gepflegte Rasen und der Ort selbst mit seiner großen Historie. Hier weilten Persönlichkeiten des öffentlichen Lebens, Pioniere der Wirtschaft, aber auch Damen von Welt wie Elisabeth von Baden und die österreichische Kaiserin Sissi. Eine neue Epoche wurde mit der Gründung der Baden-Badener Unternehmergespräche im Jahre 1954 eingeleitet. Seitdem steht das Palais Biron als Synonym für Tagungen der deutschen Wirtschaft, die hier in der relativen Abgeschiedenheit mit professionellen Strukturen einen besonderen Rahmen geben: Gespräche sowohl draußen auf der Terrasse mit Blick in den Park zu führen, aber auch mal drinnen am Tisch in den neun individuell gestalteten Salons und im Kaminzimmer. Beispielsweise der Salon „Villa Eden", der durch heraldische Lilien auf den Tapeten besticht, und „Karlsruhe", der mit seinem hölzernen Eiffelturm an die Nähe zu Frankreich erinnert.

TIPP

Unweit befindet sich die Weinhandlung von Natalie Lumpp, Deutschlands führender und bekanntester Weinexpertin.

Das Parkglück erleben Interessierte bei der einmal im Jahr vom Gartenamt angebotenen Führung: etwa das Duft-Wunder des weiß-rosafarbenen Flieders namens „Beauty of Moscow", welches der russische Züchter Leonid Kolesnikov kreierte. Einen solchen Fliedertraum schenkte die bekannte Fliederzüchterin und Botanikerin Elke Hasse im Jahre 2016 als Mitglied der „Baden Badener Unternehmer-Gespräche e. V." dem Palais. Eine weitere Rarität ist die violett gefärbte Strauchrose „Palais Biron", die in der Namensgebung „eine besondere Auszeichnung" des Züchters Pierre Orard sei, so Markus Brunsing vom Fachgebiet Park und Garten. Ergänzend sagt Tagungsleiterin Sonja Karle: „Die ‚Palais-Biron-Rose' gibt es in großer Zahl in unserem Park mit einem herrlichen Duft."

● Palais Biron, Lichtentaler Straße 92, 76530 Baden-Baden, Tel. (0 72 21) 70 04 01
www.palais-biron.de
● ÖPNV: Bus 201, 204, Haltestelle Maximilianstraße/Falkenstraße

Römische Badruinen

Die ältesten Badeanlagen landesweit

Schon für die Römer war es eine klare Sache: keine kalten Füße. Von diesem Wunsch beseelt, waren sie es, welche vor über 2000 Jahren die Fußbodenheizung erfanden. Historische Zeugnisse belegen dies an den römischen Badruinen in der Bäderstadt, welche 1846 zufällig bei Bauarbeiten entdeckt wurden. Das war ein Glücksfall, denn so können heute noch Teile der drei Baderäume des damaligen Aquae Aureliae – so der römische Name Baden-Badens – angeschaut werden, die den Besucher in die Welt des römischen Badens versetzen: Morgens war dies den Frauen und Kindern vorbehalten und der Nachmittag war für die Herren reserviert. So ein römisches Bad hatte es in sich und dauerte an die vier Stunden – vom ersten Abwaschen im Apodyterion über die Körperpflege im Tepidarium bis schließlich zum eigentlichen Baden im Caldarium. Überall herrschte wohlige Wärme unter den Füßen dank des Hypokaustums (Unterfeuer), wie die Fußbodenheizung damals genannt wurde. Dazu hatten die römischen Badarchitekten unter den Baderäumen einen zusätzlichen ausgehöhlten Raum mit vielen Säulen zur Stabilisierung geschaffen, in den heiße Luftströme eines Brennholzofens geleitet wurden. Nach etlichen Stunden waren so der Fußboden und die Wände angenehm warm. Mit dieser Konstruktion erreichten die Macher zugleich, dass letztendlich der gesamte Gebäudekomplex erwärmt wurde. Genial.

Versteckt unter dem Friedrichsbad und Marktplatz und verbunden mit der Tiefgarage der Caracalla-Therme, sind die landesweit ältesten römischen Badruinen erlebbar. Über eine minimalistisch gehaltene Stegkonstruktion scheint der heutige Besucher über den antiken Böden zu schweben, wobei farbige Lichtinseln Hinweise über die Funktion des antiken Heizsystems geben. So wirkt der Geschichtsausflug bereichernd und fasziniert Groß und Klein. Ein Modell, eine Computer-Animation, Führung und mehrsprachiger Audioguide lassen das ursprüngliche Hygienebad lebendig werden.

TIPP

Die „Fettquelle" neben dem Friedrichsbad ist eine von zwölf historischen Thermalquellen der Stadt.

● Römische Badruinen, Museum antiker Badekultur, Römerplatz 1,
76530 Baden-Baden
www.carasana.de/de/friedrichsbad/rmische-badruinen.html
● ÖPNV: Bus 201, 204, 205, 206, 207, 214, 216, 218, 243, 244, Haltestelle Leopoldsplatz

Faszination Galopprennbahn

 6

Das „badische Ascot" in Iffezheim

Eliza Doolittle aus „My Fair Lady" hätte sich auch auf der Galopprennbahn in Iffezheim gut in Szene setzen können: Denn das „badische Ascot" zählt heute gewiss zu einer der schönsten und stimmungsvollsten Galopprennbahnen Europas mit schnellen Pferden, schönen Frauen und großen Hüten.

Dank einer glücklichen Fügung kamen im 19. Jahrhundert der Baden-Badener Spielcasinopächter Edouard Bénazet und sein französischer Freund, der pferdeverrückte Herzog von Morny, auf die Idee, eine sportliche und gesellschaftliche Attraktion für die mondäne Bäderstadt zu schaffen. Die geeignete Anlage fand man in der näheren Umgebung auf der Gemarkung von Iffezheim. Die Erfolgsgeschichte der Galopprennbahn begann im September 1858, als vor der beeindruckenden Kulisse mit drei Tribünen erstmals die Pferde vorbeigaloppierten. Darüber hinaus bekamen die Gäste damals wie heute von den prachtvollen oberen Plätzen reizende Aussichten geboten: östlich das Baden-Badener Gebirge und westlich der in der Sonne silbrig glänzende Wasserstrom des Rheins. Die Namen zweier edler Rösser durften sogar bei der Benennung von Teilen der Tribünen Pate stehen: die ungarische Wunderstute Kincsem und der Fuchshengst Oleander.

In der imposanten Welt der alljährlichen Galopprennen im Mai, August und Oktober finden sich nicht nur die besten Rennpferde mit Jockeys ein, sondern auch VIPs aus Gesellschaft und Kultur. Insbesondere die Damen wissen beim Besuch der Galopprennbahn mit extravaganten Hüten und imposanten Kreationen aufzuwarten. Im Gegensatz zur berühmten Galopprennbahn in Ascot bei London sind hier alle Variationen und Größen vorzeigenswert – ein Reglement in Zentimetern gibt es nicht. Die Galopprennbahn in Iffezheim bietet den Rahmen für Großveranstaltungen und Messen – aber auch als Location für private Feiern. Und wer nur die Atmosphäre ohne Großrahmen erspüren möchte – einfach durchs Gelände am Riedkanal schlendern.

TIPP

An der nahe gelegenen Staustufe Iffezheim befindet sich Europas größter Fischpass.

● Galopprennbahn Baden-Baden Iffezheim, Rennbahnstraße 16, 76473 Iffezheim
● ÖPNV: Bus 218, Haltestelle Iffezheim Rennbahnstraße

Fast wie am Meer

7 Die Dünen von Sandweier

Es fehlt nur noch das Meer. Ansonsten sind die Dünen in Sandweier auf Baden-Badener Gemarkung einmalig im Ländle. Wie der Name vermuten lässt, gibt es rund um den Ort enorm viel Sand – eben Dünensand. Dieser bildete sich einst nach der letzten Eiszeit vor 10.000 Jahren und reicht fast bis ans „Meer von Sandweier" – den Badestrand am Kühlsee.

Wer sich von hier aus auf den nahezu ebenerdigen „Sandglöckchen-Rundweg" begibt, erlebt Urlaubsgefühle quasi vor der Haustüre: Großflächiger Silbergras-Sandrasen und Ginster-Gebüsche wechseln sich ab mit lichten Birkenwäldchen und Buchenwäldern. Ganz gleich zu welcher Jahreszeit die Familien und Kinder den Parcours laufen, stets gibt es interessante Einblicke: himmelblaue Sandglöckchen oder ein Aussichts-

TIPP

Beim Strandbad Sandweier gibt es einen Imbiss für die kleine Stärkung zwischendurch!

turm, wo im Frühling sogar die vom Aussterben bedrohte Heidelerche zu hören ist. Der Natur-Star ist natürlich die „Hohe Düne" mit immerhin 21 Metern. Ein Muss ist es, hier barfuß im Sand zu laufen; gedanklich ruft er Regionen an der Nordseeküste und Kurischen Nehrung wach, so feinpulverig ist er. Heute geht er mit den darauf wachsenden Kiefern und Birken eine Beziehung ein und stellt ein Naturrefugium für Tiere dar.

Kaum vorstellbar, dass das Naturschutzgebiet einmal Übungsgelände für das Militär war: vom preußischen Schießstand und deutschen Militär-Übungsplatz bis zum Manöver-Gelände der französischen Streitkräfte. Der Rest ist deutsche Naturschutzgeschichte. Immerhin hatte die artfremde Nutzung des Gebietes einen positiven Effekt: nämlich, dass der immer wieder neu aufgerissene Sandboden offene Flächen mit frischem Sand hervorbrachte, welche sich als Keimbeete für viele Pflanzen hervorragend eignen. Damit diese Flächen nicht zuwachsen, findet in Absprache mit der Naturschutzbehörde einmal jährlich sogar ein Motocross-Rennen des Baden-Badener Motorrad-Clubs statt – mit riesigen aufwirbelnden Sandwolken.

● Dünen von Sandweier, Anfahrt über die Kreisstraße K 9617,
Parkplatz westlich der Straße
● ÖPNV: Bus 212, 218, Haltestelle Sandweier Nord, dann über Pfarrstraße
und Autobahnbrücke ca. 30 Minuten Fußweg

Eindrucksvolle Fernblicke

8 Burg Alt-Eberstein mit großer Terrasse

Wer vom Ortsteil Haueneberstein in der Ebene durch die sanft ansteigende Vorbergszone mit Wiesen in Richtung Eberfsteinburg fährt, dem fällt auf dem Porphyr-Bergsporn die imposante Burgruine Alt-Eberstein auf. „Alt" in der Vorsilbe weist auf die lange Geschichte hin: Die Grafen von Eberstein in Schwaben erbauten diese markante Burg in 489 Metern Höhe im 12. und 13. Jahrhundert. Danach ging sie durch Verkauf an die Markgrafen von Baden über.

Auf dem kurzen Spaziergang vom Waldparkplatz zur Burg wird deren besonderer Charakter eindrucksvoll unterstrichen. Auch wenn das denkmalgeschützte Ensemble heute äußerlich von Bäumen, Sträuchern und Moos geprägt wird, so ist dieser Ort mit großer Geschichte verbunden. Die Burg ist eng mit dem Schicksal Agnes von Badens – Herzogin von Schleswig – verknüpft, die dort im 15. Jahrhundert fast 40 Jahre lang regelrecht gefangen gehalten wurde. Neben diesem düsteren Kapitel der Burggeschichte dürfte die Sage von der Ebersteiner Rose die Besucher freudig stimmen: Nicht nur, dass die „Königin der Blumen" im Ortswappen zu finden ist, sondern ein Ebersteiner erhielt sogar eine goldene Rose als päpstliches Geschenk aus Rom. Mit diesem Symbol soll an die Grafen von Eberstein erinnert werden, die im hohen Mittelalter ihren Machtbereich bis in das Murgtal ausgedehnt hatten.

Inmitten der geschichtsträchtigen Mauern und üppigen Natur lässt es sich in der Burggaststätte oder auf der großen Terrasse mit romantischen Plätzchen wunderbar speisen und Kaffee trinken. Wer neben den kulinarischen Genüssen die Burgenherrlichkeit noch weiter auskosten möchte, der steigt auf den 18 Meter hohen Turm. Von hier bieten sich zauberhafte Rundumsichten auf die Landschaft: in Richtung Westen auf die Rheinebene und in die Vogesen, in Richtung Norden zur badischen Toskana (Kraichgau) bis hin zu den östlichen Höhenzügen des Nordschwarzwaldes.

TIPP

Abstecher zu den Verbrannten Felsen mit Aussichtsplattform: toller Blick auf das Murgtal.

● Burg Alt-Eberstein, Rosenstraße 50, 76530 Baden-Baden
www.alt-eberstein.de
● ÖPNV: Bus 214, Haltestelle Michaelskapelle

Römisch-irische Wellness

 9 Unvergessliches Badeerlebnis: das Friedrichsbad

Vielleicht hatte der irische Arzt Richard Barter den „Schicksalsstein" auf Blarney Castle unweit von Cork geküsst und so seine folgenreiche Inspiration erhalten, nämlich die des Badens zur Gesunderhaltung. Der Clou war, die römische Badekultur (unterschiedlich warme Thermalbäder) mit der irischen Badetradition (Heißluftbäder) zusammenzuführen; diese Erfindung ließ sich Barter sogar patentieren. Ein solches römisch-irisches Bad können die Einwohner Baden-Badens seit 1877 – als das Friedrichsbad eröffnet wurde – genießen. Die überaus heilsame und heute so berühmte Bademischung wird hier als Wellness auf höchstem Niveau zelebriert.

Schon von außen versprüht der Bau Charme und Atmosphäre, was sich im Innern mit dem antiken Ambiente mit eindrucksvollen Duscharmaturen, handbemalten Majolika-Kacheln und dem prächtigen Kuppelsaal fortsetzt. Gleich 17 Wohlfühlstationen bilden ein einzigartiges Badeerlebnis. Los geht es mit einer Dusche: Aus riesigen Duschköpfen prasselt das Thermalwasser wie ein warmer Landregen herunter; dann geht es weiter zu Warm- und Heißlufträumen mit wohliger Wärme samt Seifenbürstenmassage, ehe die Thermaldampfbäder anstehen. Anschließend kann man im kreisrunden Bewegungsbecken seine Runden drehen und den Kuppelbau auf sich wirken lassen – pure Wohlfühlatmosphäre. Im abschließenden „Cremeservice" findet dann jeder seinen persönlichen Duftfavoriten und hochwertige Pflegelotionen, welche der Haut so richtig guttun.

TIPP

Besuch mit einer Besichtigung der spätgotischen Spitalkirche nebenan verbinden.

Wer Wellness mit Luxus verbinden möchte, der begibt sich einfach in die Privatbäder, die Namen wie „Prinzenbad", „Kaiserbad" und „Day-Spa" tragen. Hier geht es stilvoll zu, es lässt sich auch zu zweit entspannen mit eigener „Badewanne" – inklusive etwas Prickelndem im Glase. Die besondere Auszeit vom Alltag für Körper und Seele hat wohl den amerikanischen Schriftsteller Mark Twain nach seinem Badbesuch zu folgenden Zeilen inspiriert: „Hier vergessen Sie nach 10 Minuten die Zeit und nach 20 Minuten die Welt."

● Friedrichsbad, Römerplatz 1, 76530 Baden-Baden, Tel. (0 72 21) 27 59-20
www.carasana.de/de/friedrichsbad
● ÖPNV: Bus 201, 204, 205, 206, 207, 214, 216, 218, 243, 244, Haltestelle Leopoldsplatz

Feiner Knollenextrakt

10

Der „Topinambur" von Sandweier

Abertausende goldgelbe Blüten recken sich alljährlich im Herbst wie kleine Sonnenblumen dem Himmel entgegen. Es ist die Topinambur-Pflanze, welche mit diesem Farbenmeer die Besucher von Sandweier verzaubert. Überhaupt ist der Stadtteil von Baden-Baden durch und durch auf die Knolle eingestellt. Grund hierfür ist, dass die Pflanzen auf den kargen Sandböden sehr gut gedeihen. Darüber hinaus sind die Knollen – auch als Erdäpfel bezeichnet – wegen ihrer gesunden und vitaminreichen Inhaltsstoffe bedeutsam. Die Nutzung als Heilpflanze führte schließlich zur Veredelung zum Schnaps: Topinambur, kurz „Topi".

Kein Wunder, dass die Bewohner des Stadtteils schon früh auf die indianische Kulturpflanze setzten: Bereits Mitte des 19. Jahrhunderts haben die Bauern diesen Mehrwert erkannt und eifrig das begehrte Destillat gebrannt. Wenn auch die Zahl der Brennereien zurückging, ist die Verehrung im Ort ungebrochen: in Gedichten, im markanten „Topinambur"-Brunnen in der Ortsmitte und in den Narrenzünften „D'Erdäpfler" und „Topiknollen Sondwier". Dass die tolle Knolle in der fünften Jahreszeit ganz vorne mitspielt, zeigt sich im Häs der Topiknollen samt handgeschnitzten Knollen-Holzmasken. Das Outfit verzückt die Besucher, wenn die hüpfenden und tanzenden Knollen zur Fastnacht pure Lebensfreude verströmen. Dazu ein Original-„Verdauerle"-Schnaps im Narrenzunft-Vereinsheim „Sternen".

Die Affinität zur Knolle markiert in der Niederwaldstraße auch ein kleines Denkmal mit stilvollem Brennkessel von Andreas Schäfer, der seit über 50 Jahren mit der Knolle verbandelt ist. Als Meister seines Fachs betreibt er im Nebenerwerb in der dritten Generation eine Brennerei, welche jährlich bis zu 600 Liter Topinambur herstellt und in kleinen Mengen als „geistiges" Destillat an Interessenten verkauft. Die Ur-Knolle hat das gewisse Etwas übrigens auch als Wintergemüse, in einer Cremesuppe und als Chips-Knabberei.

TIPP

Im Heimatmuseum Sandweier (Römerstraße 24) ist der Geschichte der Topinambur ein großer Raum gewidmet.

● Topinambur in 76532 Sandweier
● ÖPNV: Bus 212, 218, Haltestelle Sandweier Südring

Geistige Tankstelle

Der „Autobahnkirchen-Star" Baden-Baden

Sie liegt so nah und doch in einer Distanz, die den Lärm auf der stark frequentierten Autobahn A5 nach Basel rasch minimiert: die Autobahnkirche St. Christophorus. Eine „geistige Tankstelle" für Menschen, welche die Hektik des Unterwegsseins, des Reisens und Rasens verblassen lässt. Der Weg vom Vehikel führt durch breit angelegte grüne Baumalleen, ehe sich der Blick weitet hin zu einem zeltähnlichen, pyramidenförmigen Bau, umgeben von weitläufigen Rasenflächen.

Unwillkürlich wird der Besucher in die Welt der architektonischen Gestaltung und künstlerischen Ausgestaltung einbezogen: angefangen bei den vier mächtigen Türmen, dem Abrahamstor und dem Wegkreuz, den Türen, der Wandverglasung bis hin zu den Wandprofilen in der Krypta – mit viel biblischem Stoff mit zeitgeschichtlichem Transfer.

TIPP

Besonders sehenswert sind die über 2000 biblischen und zeitgenössischen Symbole und Motive.

Hinzu kommt der Campanile als frei stehender Glockenturm mit seinem Geläut.

Im Inneren des Kirchenraums wird der mobile Mensch zum Atemholen, zur Ruhe und Besinnung eingeladen. Eine besondere Atmosphäre ergibt sich, wenn Sonnenstrahlen durch die farbigen Bildfenster fallen. Viele Anregungen bekommt man auch beim Betrachten der Mandalas. Sie laden dazu ein, über Fragen des Glaubens nachzudenken und eigene Positionen zu finden. Und wer ganz abgeschieden für sich in der Stille sein möchte, der findet diesen Platz in der Krypta unter der Kirche.

Dass sich St. Christophorus in vielen Jahrzehnten im Ranking der 44 deutschen Autobahnkirchen zu einer Art „Autobahnkirchen-Star" gemausert hat, belegen die Besuchszahlen von geschätzten 200.000 „Fans" pro Jahr. Die anziehende Wirkung bestätigt auch das ausliegende Gästebuch, in dem sich Menschen verschiedenster Nationalitäten mit ihren Anliegen an Gott wenden. Proppenvoll ist es in der geistigen Tankstelle auch im Rahmen der einmal jährlich stattfindenden „theologisch-politischen Dialoge".

● Autobahnkirche St. Christophorus, Am Rasthof 1, 76532 Baden-Baden
www.autobahnkirche-baden-baden.info
● ÖPNV: Bus 218, Haltestelle Sandweier Autobahnkirche

Wohltuende Entspannung

Luxuriöse Wellness in der Caracalla-Therme

Davon hätten die Römer nur träumen können: eine Bade- und Sauna-landschaft auf 4000 Quadratmetern, wie sie heute die Caracalla-Therme aufweist. Die an einen antiken Tempel erinnernde Badelandschaft ist mit ihrer Vielfalt und zeitlosen Eleganz weithin bekannt.

Je nach Aktivierungs- und Regenerationsbedürfnis wird ein wohliges Badevergnügen bei Wassertemperaturen zwischen 18 und 38 Grad Celsius erlebbar: etwa beim entspannten Schwimmen unter der riesigen gläsernen Kuppel des Innenbeckens mit verschiedenen Massagedüsen und Nackenduschen sowie gemütlichen Sprudelsitzen und -liegen. Je eine Felsengrotte mit heißem und kaltem Wasser, ein erholsames Aro-madampfbad und ein Sole-Inhalationsraum runden hier das Angebot ab. Auch der großzügig angelegte Außenbereich mit zwei Marmorbe-cken, einem Strömungskanal zum Treibenlassen, Massagedüsen und zwei Whirlpools sorgt für Wohlbefinden im warmen Wasser – sowohl im Sommer als auch im Winter.

TIPP

Spazierweg auf dem Paracelsusweg zum Dostojewski-Denkmal im Rotenbachtal.

Die Atmosphäre der römischen Saunalandschaft mit ihren Mo-saiken, Säulen, Museumsstücken und Antiquitäten trägt mit acht Bereichen zur individuellen Entspannung und Ruhe bei. Die Temperatur der Saunen ist fein abgestuft: vom 90 Grad hei-ßen Spectaculum mit ausgeklügeltem Licht- und Soundsystem bis zum mit 47 Grad vergleichsweise mild temperierten Dampfbad. Für den nordischen Erlebnis-Touch kann der Thermen-Besucher zwischen zwei finnischen Blockhaus-Saunen wählen: der „Feuer-Sauna", bei wel-cher der Ofen knisternde Stimmung verströmt, und der „Wald-Sauna", in der Wasser und Steine beim Aufguss stimmungsvoll beleuchtet wer-den. Entspannende Momente bieten sowohl der Blue-Space-Sinnes-raum als auch der Grüne Ruheraum. Wer nicht genug bekommt, der wird in der exklusiven WellnessLounge mit einem Strauß heimischer und exotischer Anwendungen verwöhnt.

. . . .

● Caracalla-Therme, Römerplatz 1, 76530 Baden-Baden, Tel. (0 72 21) 27 59 42
www.carasana.de/de/caracalla-therme/
● ÖPNV: Bus 201, 204, 205, 206, 207, 214, 216, 218, 243, 244, Haltestelle Leopoldsplatz

Ein „Paradies" auf Erden

 ## In der Wasserkunstanlage am Annaberg

Kann man das – Natur und Kunst miteinander verschmelzen? Für Max Laeuger, den großen badischen Naturromantiker, stand das außer Frage. Als einer der Universalkünstler des 20. Jahrhunderts beherrschte er alle Facetten seines Tuns: von Wohnaccessoires über künstlerische Zeichnungen bis hin zu Linoleumböden und – Gärten. Mit Letzteren setzte sich der Künstler zur damaligen Zeit an die Spitze der modernen Gartengestaltung in Deutschland. Stellvertretend dafür steht die Gönneranlage in Baden-Baden, der besterhaltene öffentliche Jugendstil-Garten in Deutschland. Doch seine Wasserkunstanlage „Paradies" am Villenviertel Annaberg übertrifft alles.

Ganz gleich, ob sich der Besucher dem „Paradies" am Annaberg von unten an der Bernhardstraße oder von oben von der Markgrafenstraße

TIPP

Unweit lädt das wunderschön gelegene Waldcafé Hotel Restaurant zum Besuch.

nähert: Stets öffnen sich zauberhafte An- und Ausblicke auf grün bewaldete Hügel, die Altstadt mit der Stiftskirche und dem Neuen Schloss. Vorbei geht es an Grotten, Kaskaden und Springbrunnen nach italienischem Vorbild, die der Künstler in den Jahren 1922 bis 1925 schuf. Aus einem ovalen Becken im oberen Bereich sprudelt das Wasser über 13 krebsschwanzförmige Kaskaden talwärts einem großen halbrunden Bassin zu. Den krönenden Abschluss im unteren Teil bildet ein dreischaliges Brunnenbecken.

Wer die über 100 Stufen emporschlendert, den begleiten links und rechts grüne Alleen mit Buchs und Zierbäumen – dazwischen Bänke zum Verweilen –, der kann dem leisen Plätschern des Wassers zuhören oder einfach nur schauen. Vielleicht auf die Rosen, oder auf die Storchschnabelgewächse, die sich hier genauso wohlfühlen wie die kleinen tierischen Besucher, etwa die Schmetterlinge.

Engagierte Bürger haben das Schmuckstück nicht nur vor einer Verbauung gerettet, sondern kümmern sich auch im „Freundeskreis Paradies" seit 2002 um den Erhalt und die Restaurierung der Anlage. Sie gestalten Sommerfeste mit südlich-romantischer Atmosphäre und paradiesische Konzerte an diesem besonderen Ort.

....

● Wasserkunstanlage Paradies 6, Villenviertel Annaberg, 76530 Baden-Baden
www.paradies-baden-baden.de
● ÖPNV: Bus 204, 205, Haltestellen Friedrichshöhe oder Kurfürstenstraße

Lupe mit Durchblick

14 Bürgerstein am Hungerberg

Gleich hinter dem Schlossgarten, oberhalb des Türkenweges, zieht sich der Hügel namens Hungerberg hin. Ein schöner Platz, der schon bei der Landesgartenschau 1981 mit einem Meer an Blumen die Menschen von fern und nah begeisterte. Nach dem Ende der Schau wurde das Stückchen wieder zu einem grünen Hang. Eine Renaissance erlebte der Hungerberg dann, als der in Baden-Baden lebende Bildhauer Ralf Schira ins Spiel kam. Er wurde nämlich beauftragt, einen „Point of View" zu schaffen. Und dieser Aussichtspunkt ist so ungewöhnlich wie alle seine Werke. Beim Neujahrsempfang der Bürgerstiftung 2013 wurde der „Bürgerstein" vorgestellt: eine überdimensionierte Lupe aus geschliffenem Muschelkalk. Fortan sollten Menschen jeden Alters ihren Blickwinkel, Ansicht, Standpunkt selbst bestimmen. Und so finden sich jahrein, jahraus Bürger und Gäste vor der Lupe am „Weißen Stein" mitten auf der Wiese ein. Für jeden eröffnen sich Perspektiven und Ansichten der Stadt, die individuell und einzigartig sind.

Den tonnenschweren Sockel des sinnlichen Gebildes ziert ein Relief, das sieben städtische Symbole wie Therme, Iffezheim und New Pop Festival zeigt. Es wurde von Schülern und Schülerinnen des Pädagogiums Baden-Baden und der Klosterschule vom Heiligen Grab Baden-Baden gestaltet.

Wer nach so vielen Perspektivwechseln die Lust verspürt, die gedanklichen Lupenblicke weiter zu vertiefen, der kann dies in der Waldschänke fortsetzen, die sich nur gut 100 Meter davon entfernt befindet. In einem der schönsten Biergärten der Stadt mit einer tollen Aussicht über das einstige Gartenschaugelände und das unterhalb liegende Neue Schloss sowie den Fremersberg lässt es sich bei einem Bier und günstigem Essensangebot verweilen. Unmittelbar neben der Waldschänke befindet sich das Saftlädele, eine süße kleine Kneipe, die im Winter geöffnet hat (Getränke und kleine Gerichte).

● Bürgerstein am Hungerberg, 76530 Baden-Baden
● ÖPNV: Bus 208, Haltestelle Herrengut

Die „schönste Spielbank"

15

Entertainment und Lifestyle im Casino

Als „schönste Spielbank der Welt" soll Marlene Dietrich die Spielbank in Baden-Baden bezeichnet haben. Und wer die Hallen mit ihren prächtigen Einrichtungen gesehen hat, versteht die treffende Aussage. Dass es überhaupt eine Spielbank gibt – dazu eine der größten und ältesten Deutschlands –, ist Jacques Bénazet (1778–1848) zu verdanken. Als Kind armer Leute im Pyrenäenvorland geboren, stieg er während der großen Revolution auf, ging nach Paris und wurde Börsenmakler. Er verstand es als einer der ersten „Fermier des jeux" (Spielpächter), enorme Summen vom Staat zu kassieren und so zum schwerreichen Spielbankier zu werden. Als er hörte, dass im Oktober 1837 in Baden-Baden ein Pachtvertrag auslief, bewarb er sich und wurde zum ersten französischen Casinopächter, auch respektvoll „Kaiser" genannt. Als

TIPP

Ein ganz besonderes Spiele-Flair erlebt man im Pavillon – fast unter freiem Himmel!

Mäzen der Stadt unterstützte er mit den Spielbankabgaben den Straßenbau und die Brücken über die Oos und trug so letztendlich zum heutigen Flair Baden-Badens bei.

Die Spielleidenschaft kann im französischen und amerikanischen Roulette ausgelebt werden, ebenso in Black Jack, Poker und an Spielautomaten. 150 Croupiers betreuen jährlich nahezu eine halbe Million Gäste. Besonders verlockend ist die „Aktion Roulette 35+1" des Casinos: Spieler mit glücklicher Hand erhalten dabei nicht nur die übliche 35-fache, sondern die 36-fache Auszahlung des Einsatzes. „Rien ne va plus – Nichts geht mehr" gilt allein für die Spiele, bei denen sich traditionell die Kugel dreht.

Das Casino von heute verbindet Entertainment und Lifestyle miteinander, was auch im Restaurant The Grill mit seinem extravaganten Interieur zum Ausdruck kommt. Anspruchsvolle Gourmets können hier eine ausgefeilte internationale Küche mit Beef- und Sushi-Spezialitäten genießen. Oder im Casino-eigenen Club Bernstein, in dem der Mix aus DJ und Croupier, Dancefloor und Spieltisch bei der jungen Generation gut ankommt.

● Casino Baden-Baden (im Kurhaus), Kaiserallee 1, 76530 Baden-Baden,
Tel. (0 72 21) 3 02 40, www.casino-baden-baden.de
● ÖPNV: Bus 201, 204, 205, 206, 207, 214, 216, 218, 243, 244, Haltestelle Leopoldsplatz

Picknicken im Felsenmeer

16

Kletter-Nervenkitzel am Battert

Der Battert machte die Bäderstadt fast so berühmt wie ihre Allee und ihre Spielbank: Vor langer, langer Zeit – vor etwa 260 bis 270 Millionen Jahren – hat sich die rotbraune Felsenwandformation gebildet. Damals bestanden die Vogesen und der Schwarzwald noch aus einer gemeinsamen Gebirgseinheit. Als dann der Oberrheingraben entstand, wurde die äußerst widerstandsfähige Battert-Felsformation extrem herausgehoben. Ein letztes Mal legte die Natur Hand an und modellierte das ganze Gebilde durch Erosionen nachhaltig. Das Resultat kann sich sehen lassen: Das bis zu 60 Meter hohe Buntsandstein-Naturdenkmal ist heute eines der bedeutendsten Klettergebiete im Schwarzwald und zieht als „kleines Felsenmeer" Kletterfreunde aus ganz Europa an. Berühmte Extrembergsteiger wie Ralf Dujmovits haben hier erste Erfahrungen gesammelt; der weltberühmte Südtiroler Bergsteiger Reinhold Messner besitzt sogar das älteste vom Battert erhaltene Gipfelbuch.

TIPP

In der Burgruine Schloss Hohenbaden lädt das Restaurant Fidelitas mit mediterraner Küche zu Tisch.

Wer es ruhiger angehen möchte, der begibt sich auf einen 4 Kilometer langen Rundweg und erlebt dabei einen mystischen Zauberwald mit Baumriesen, Moosen und Pilzen. Ehrfurchtsvoll kann auch die Begegnung mit dem ältesten Baum im Stadtwald von Baden-Baden werden – einer Eiche, die nachweislich über 650 Jahre auf dem Buckel hat. Auch Spuren des Walls einer Ringburg lassen sich hier nachweisen – angelegt als die größte vorgeschichtliche Befestigungsanlage Mittelbadens.

Ein Muss auf dem Rundweg ist die „Ritterplatte" mit Pavillon. Hier lässt es sich vortrefflich picknicken. Den Panoramablick über Baden-Baden, zum Merkur und Fremersberg gibt es gratis – und für Sportliche ein wenig Nervenkitzel auf der „Felsenbrücke": Bei gutem Wetter herrscht an dieser Stelle Hochbetrieb unter Kletterern, denn hier gibt es bis zu zehn unterschiedliche Schwierigkeitsgrade und Hunderte unterschiedliche Routen.

● Battert, Startpunkt der Wanderung: Parkplatz Altes Schloss (Schloss Hohenbaden), Alter Schloßweg 10, 76532 Baden-Baden

Logenplätze wie in Paris

17 Theater Baden-Baden: vielfältiges Repertoire

„Theater, Theater, der Vorhang geht auf, dann wird die Bühne zur Welt." So heißt es im Hit von Katja Ebstein. Denn da pocht das Leben und bietet Menschen eine Bühne, die ihre Rollen fantasievoll und leidenschaftlich auskleiden. Und was kann es Schöneres für die Darstellerinnen und Darsteller geben, als mit Applaus bedacht zu werden?

Das war auch schon in der Anfangszeit des Weltbad-Theaters so, als es – erbaut auf Initiative des Spielbankpächters Edouard Bénazet– 1862 eröffnet wurde. Hector Berlioz komponierte zu diesem Anlass die gefeierte komische Oper „Béatrice et Bénédict", deren Uraufführung er selbst dirigierte. Vom Charme dieser Zeit hat eines der schönsten Theater Deutschlands im Hier und Jetzt nichts eingebüßt. Seine klassizistische Fassade umschließt ein neobarockes Interieur, das die Proportionen einer kleinen Oper mit vier Etagen und Logen aufweist – fast so wie in Paris. Und wer in den Stühlen mit goldverzierten Lehnen und roten Sitzen den Aufführungen lauschend den Blick zur Decke schweifen lässt, entdeckt eine illusionistische Malerei, die der bekannte französische Künstler Alexis-Joseph Mazerolle fantasievoll mit Putten und Wolken schuf. Ein prächtiger Kronleuchter setzt das Gesamt-Ensemble stilvoll in Szene. Hinzu kommen die Lage am Goetheplatz sowie die gepflegte Gartenfläche vor dem Eingang zwischen Kuranlagen und Lichtentaler Allee – eine Art Herzstück der Stadt.

Die ganz besondere Aura entfaltet sich auch in der Gegenwart – ob beim SWR3 New Pop Festival oder beim Weihnachtskonzert. Bei einer Reihe von digitalen Projekten haben die Mitarbeitenden ebenfalls ihre Kreativität bewiesen. Ein Glücksprojekt – ob digital oder live – ist „Stadt, Land, Oos" mit Menschen, Geschichten und Liedern aus Baden-Baden.

TIPP

Im Spiegelsaal mit goldenen Verzierungen und opulenten Kronleuchtern kann man romantisch heiraten!

● Theater Baden-Baden, Goetheplatz 1, 76530 Baden-Baden, Tel. (0 72 21) 93 27 70
www.theater-baden-baden.de
● ÖPNV: Bus 201, 204, 205, 206, 207, 214, 216, 218, 243, 244, Haltestelle Leopoldsplatz

Glückselig im Rebenmeer

18 Auf dem Weinweg zum Eckberg und Schafberg

Willkommen auf der „Sonnenseite von Baden-Baden". Denn so wird der Weinweg, den sich der älteste Stadtwinzer H. J. Knapp ausgedacht hat und der von Förderern umgesetzt wurde, auch genannt. Dass es tatsächlich sonnenverwöhnte Hänge sind, erfahren die Wanderer auf dem 4 Kilometer langen Rundkurs. Vier Infotafeln erzählen ihnen dabei auf den wunderschönen, historischen Klosterrebenflächen des Eckbergs und Schafbergs vieles über den traditionellen Weinbau in der Bäderstadt und über Flora und Fauna der Umgebung.

Los geht's an der landschaftlich reizvoll liegenden Marienkapelle – auch Eckberg-Kapelle genannt. Das Kleinod mit einem Bildstock wurde von Bernhard Heck aus Dankbarkeit gestiftet, weil er nach einer schweren Krankheit wieder genesen war. Gleich vier Rebsorten liefern hier sonnenverwöhnte Weine. Der Weg führt weiter zu Bauernhäusern – den Eckhöfen –, die einst unter der Lehensherrschaft des Klosters Lichtenthal standen, bevor man oberhalb des Arboretums in Richtung Schafberg spaziert. An der dortigen Infotafel erfahren die Wissbegierigen, dass hier Reben etwa für den Grünen Veltliner und Gewürztraminer angepflanzt wurden. Auf der Bergkuppe eröffnet sich ein herrlicher Panoramablick. Danach führt der Weg bergauf zum Silberbuckel mit kleiner, feiner Reben-Lage für den Riesling. Von dort geht es auf dem weinseligen Weg zum Ausgangspunkt an der Marienkapelle zurück.

Nicht nur mit dem Weinweg hat der Stadtwinzer Knapp seine Träume verwirklicht, wie seine Biografie zeigt: zunächst eine tolle Karriere als Architekt, dann der radikale Umschwung zu den Reben mit ihren edlen Tropfen mit bisherigen 40 Auszeichnungen – darunter die Ernteerfolge und Medaillen von „L'Arnaude" in der Provence. Doch 2005 rief ihn seine Weinheimat nach Baden-Baden. Dort übernahm der Winzer die städtischen Rebflächen – Silberbuckel, Eckberg (mit Marienkapelle) und Schafberg – und führte sie zu neuem Glanz in Form besonderer Tröpfchen.

● Weinweg, Startpunkt: Marienkapelle, Rotackerstraße 20, 76534 Baden-Baden
Weingut Knapp, Gunzenbachstraße 17 B, 76530 Baden-Baden,
Tel. (0 72 21) 2 80 80, www.weingut-knapp.de
● ÖPNV: Bus 208, Haltestelle Voglergasse

Weinweg

Rund um Eckberg und Schafberg in Lichtental

Extravagant und glamourös

19

Der Club Bernstein

Sicher kommt es nicht häufig vor, dass ein Kurhaus als historisches Herzstück sich mit dem modernen Style eines Nachtclubs verbindet. Insofern ist es eine gelungene Verbindung, die für das Nachtleben im Club Bernstein realisiert wurde. Hier können die Glücksritter aus dem Casino eintauchen in eine Club-Welt, die den Vergleich mit Las Vegas nicht zu scheuen braucht. Allein schon die Namensgebung „Bernstein" verspricht etwas Extravagantes: Mit seinen verschiedenen Farbtönungen präsentiert der Club sich als etwas Edles. Neben den farblichen Nuancen des gelben Edelsteins bestimmen Gold, Violett, Grün und Schwarz das Bild und erinnern an den schmucken Glanz des Namensgebers – wobei Violett eine mutige Farbgebung des Teppichbodens darstellt. Hinzu kommen orange leuchtende Tische, die ein fantastisches Licht erzeugen. Goldene Lampen, die edle Bar, das modern geschwungene DJ-Pult – eine einzigartige Gesamtkomposition.

Es war die Verbindung von klassischen Elementen wie Kristallleuchtern, facettierten Spiegelflächen, gestepter Polsterung und figürlichen Gips-Elementen mit extravaganter moderner Optik, die Innenarchitektin Oana Rosen vorschwebte. Die Mischung aus Tradition und Moderne kommt an und sorgt für beste Unterhaltung. Dazu trägt auch die Atmosphäre der Lounges an der Fensterfront, des Stehbereichs und der Tanzfläche samt den DJs bei. Edle Getränke wie Champagner und klassische Cocktails sind bei Nachtschwärmern und dem schicken, jungen Publikum in: Vom „Bénazet Unfiltered Vodka" bis zum fruchtig-aromatischen Cocktail-Klassiker „Singapur Sling" – dafür muss man nicht gleich nach Fernost reisen. Ein Renner unter den Cocktails ist der on the rocks servierte „Moscow Mule", der überwiegend aus Wodka und einer scharf-würzigen Ingwerlimonade besteht. Und auch ausgefallene Getränkewünsche werden erfüllt: zum Beispiel mit „King George", dem ältesten Whiskey, der hier ausgeschenkt wird.

TIPP

Nach dem Club-Besuch kann man über die Reinhard-Fieser-Brücke zurück zur Altstadt spazieren.

● Club Bernstein im Casino Baden-Baden, Kaiserallee 1, 76530 Baden-Baden, Tel. (0 72 21) 302 46 96, www.bernstein-club.com
● ÖPNV: Bus 201, 204, 205, 206, 207, 214, 216, 218, 243, 244, Haltestelle Leopoldsplatz

Kulinarik und edler Chic

RIZZI lockt mit mediterranem Feeling

Das Gebäude hat Flair: Da ist die Historie – einst machte Isabella Gagarina, die Witwe des Fürsten Serge Gagarin, das Barockpalais mit ihren Empfängen zum gesellschaftlichen Mittelpunkt der Stadt. Vom Glanz der alten Zeit hat das Haus nichts eingebüßt. Heute können sich Brautpaare hier standesamtlich trauen lassen und bringen Leben in das Gebäude mit großer Geschichte.

Das i-Tüpfelchen setzt im Erdgeschoss das Kult-Restaurant RIZZI. Der Grundstein zu dessen Erfolg wurde im Jahre 1986 durch das erfolgreiche Gastronomen-Ehepaar Peter und Martina Schreck gelegt. Dass für diese Lifestyle-Gastronomie ein unverwechselbarer Name hermusste, war folgerichtig. Vorneweg – der weltbekannte Künstler James Rizzi hat damit nichts zu tun. Vielmehr wollte Gastronom Peter Schreck für sein urban-schickes Restaurant einen italienisch klingenden Namen haben, der in einem kleinen Mitarbeiter-Wettbewerb kreiert werden sollte. Prompt kam der Name Ritzi – allerdings mit „tz" geschrieben – in die engere Wahl. Das gefiel dem Chef, allerdings verbunden mit einer kleinen Änderung: „Super, das gefällt mir, aber wir machen das mit zwei z."

Heute erfreut das trendige Restaurant mit seinem modernen Ambiente und edlem Chic mit großer Sonnenterrasse samt Blick auf die grüne und blühende Allee die Gäste aus aller Welt. Mit seiner frischen mediterranen Küche und Gerichten mit asiatischem Einfluss ist das Angebot schon etwas Besonderes. Die kulinarische Genussfahrt beginnt mit frischem, knusprigem Brot, das mit Olivenöl beträufelt erste Sinneserlebnisse liefert, gefolgt etwa von „Loup de Mer in Salzkruste", dem unschlagbaren „RIZZI-Burger" und dem Dessert „Black Magic Chocolate Cake". An kühleren Tagen können die Gerichte bei flackerndem Kaminfeuer in heimeliger Wohlfühlatmosphäre eingenommen werden. RIZZI meets VIP: Von Baden-Badens Ehrenbürger Tony Marshall über den ehemaligen Bundestrainer Joachim Löw bis hin zu Britney Spears gaben sich hier schon viele Promis die Ehre.

TIPP

Montag bis Freitag zwischen 12 und 15 Uhr kann man sich im RIZZI beim Businesslunch stärken.

● RIZZI WineBistro & Restaurant, Augustaplatz 1, 76530 Baden-Baden,
Tel. (0 72 21) 2 58 38, www.rizzi-baden-baden.de
● ÖPNV: Bus 201, 204, 214, 216, Haltestelle Augustaplatz

Exklusive Ostereier

 21 Russische Juwelierkunst im Fabergé-Museum

Eine russische und eine deutsche Flagge an der Fassade des Gebäudes signalisieren: Hier befindet sich etwas Außergewöhnliches – nämlich das 2009 eröffnete Museum, das vor allem dem Lebenswerk des russischen Hofjuweliers Peter Carl Fabergé gewidmet ist, das erste seiner Art in der westlichen Hemisphäre. Schon die Eintrittskarte überrascht. Ein aufwendiges, im Stahldruck hergestelltes kleines Kunstwerk in Form einer Banknote, auf dem der geniale Schöpfer der berühmten Luxus-Eier, Peter Carl Fabergé, dargestellt ist.

Wer diese Karte gelöst hat, dem steht die Welt von über 1000 einzigartigen Juwelierobjekten offen. Angefangen bei den kostbaren kaiserlichen Ostereiern der Zarenfamilie bis hin zu ausgewählten Schmuckstücken und extravaganten Gegenständen des täglichen Bedarfs, so etwa die weltgrößte Sammlung von noblen Zigarettenetuis. Es sind Präzisionsarbeiten, die eine große Detailverliebtheit zeigen. Zugleich verkörpern die Objekte ein Stück russische Geschichte: Denn Zar Alexander III. war es, der eine neue Tradition schuf, indem er seiner Frau Maria Fjodorowna 1885 das erste kaiserliche Fabergé-Ei als Osterüberraschung schenkte. Sein Sohn Nikolaus II. führte diese Tradition weiter – und erinnerte dabei an persönliche Ereignisse wie Krönung und Geburt der Kinder, die sich als Überraschung in den kleinen, zum Teil beweglichen Kunstobjekten finden. Raffiniert und genial: Als die Transsibirische Eisenbahnlinie eröffnet wurde, kam zu Ostern das Ei mit der verkleinerten Eisenbahn mit Waggons und Lokomotive heraus. Sie waren einzeln im Ei verstaut, konnten aneinandergekoppelt werden, wurden aufgezogen und rollten um das Ei herum. Fabergé – der eigentliche Erfinder der Überraschungseier. Nach der russischen Revolution und Ermordung der Zarenfamilie endete diese bedeutsame Tradition im Jahre 1917.

Wer den Luxusobjekten noch ein wenig nachhängen möchte, kann dies im Museumscafé oder im kleinen angrenzenden Garten tun – in Gesellschaft eines überdimensional großen Hasen.

....

● Fabergé-Museum, Sophienstraße 30, 76530 Baden-Baden, Tel. (0 72 21) 97 08 90
www.faberge-museum.de
● ÖPNV: Bus 201, 204, 205, 206, 207, 214, 216, 218, 243, 244, Haltestelle Leopoldsplatz

Jazz vom Feinsten

22 ### Großes Weltformat im Mr. M's Jazz Club

Es ist weltweit bekannt: das Kurhaus mit seinen Sälen. Und in einem – dem Bénazetsaal – findet das dreitägige Festival statt, das den Saal seit 2008 einmal jährlich in einen Jazztempel verwandelt: Mr. M's Jazz Club. Dabei beeindrucken sowohl die äußeren Dimensionen – das 13,5 Meter hohe Tonnengewölbe – als auch das goldene Bühnenportal samt großzügiger Atmosphäre.

Dieses Festival ist alles andere als gewöhnlich. Das fängt schon auf der imposanten Treppe an, wo Gastgeber und Entertainer Marc Marshall – Mister M – jeden seiner Gäste persönlich begrüßt. Was folgt, sind jazzige Berührungen mit Künstlern wie Sängerin Lisa Bassenge sowie Mr. M's All Stars Band und Marc Marshall. Da die Musiker in den Kombinationen mit den Solokünstlern noch nie zusammengespielt haben, entstehen jazzige Unikate, die es so kein zweites Mal gibt.

TIPP

Nach dem Konzert noch beschwingt bis zum kleinen begrünten Platz am Bénazetweg spazieren.

Beispielsweise, wenn der legendäre niederländische Flügelhorn-Spieler Ack van Rooyen mit 90 Jahren (!) die Jazz-Szene im Club zum Swingen bringt oder Till Brönner, der erfolgreichste Jazzmusiker im deutschsprachigen Raum, sein Können zeigt.

Dass Jazz eine besondere Form der Musik ist, zeigt sich an der Spontaneität auf der Bühne und der Improvisationslust. Hinzu kommen magische Momente, wenn Gastgeber Marshall gemeinsam mit den Künstlern das Lebensgefühl mit den Rhythmen lebt. Es ist gepflegter Jazz in Ballsaal-Atmosphäre. Wer sich einfach mal in eine andere Welt fallen lassen möchte, ist hier genau richtig. Es ist das hautnahe Erleben des Bühnengeschehens, welches die Besucher stets als spannend und grandios empfinden. Dabei treffen Sounds aus unterschiedlichen Kulturen zusammen – von orientalisch bis westeuropäisch, verwoben mit Flamencoklängen und Klarinetten-Soli. Die musikalischen Meisterleistungen und ihre Charaktere berühren tief und lassen Bilder im Kopf wachsen. Marc Marshall nennt die über Generationen hinweg verbindenden Programmpunkte mit Soul und Party „Entertainment-Jazz".

● Mr. M's Jazz Club, Kurhaus Baden-Baden, Kaiserallee 1, 76530 Baden-Baden, Tel. (0 72 21) 35 32 04, www.mister-ms.de
● ÖPNV: Bus 201, 204, 205, 206, 207, 214, 216, 218, 243, 244, Haltestelle Leopoldsplatz

Garten-Schmuckstück

23 Der Hamburger Kaffeekönig und die Gönneranlage

Was macht ein hanseatischer Kaffeekönig im Urlaub? Er fährt in die Sommerfrische nach Baden-Baden mit seinen bewaldeten Berghügeln. Genau dies liebte Hermann Sielcken, der zuvor eine Bilderbuch-Kaffee-Karriere in Brasilien und Costa Rica hingelegt hatte. Nach einigen Stationen in Amerika machte er sich selbstständig und erwirtschaftete ein Vermögen durch den Kaffeegroßhandel. Dem späteren Ehrenbürger lagen die Stadt an der Oos und ihre Menschen stets am Herzen. Nicht nur, dass er sich zu Beginn des 20. Jahrhunderts hier niederließ, er stiftete auch die Gönner-Gartenanlage und das Josefinenheim. Zudem spendete er der Stadt während des Ersten Weltkriegs monatlich 10.000 Mark für die Versorgung der Soldatenfamilien.

Untrennbar ist der Kaffeekönig jedoch vor allem mit der Gönneranlage verbunden. Zu dem Schmuckstück zählen neben dem im Jugendstil geschaffenen Josefinenbrunnen zwei flankierende Figuren rechts und links, welche die Bade- und die Trinkkur symbolisieren – ein Gesamtkunstwerk und barockes Seherlebnis.

TIPP

Kurpark-Café im Kurpark-Residenz Bellevue mit nostalgischem Flair.

Schon der Zugang zur Anlage über die Josefinenbrücke macht deutlich: Die strenge Gliederung unterscheidet sich optisch deutlich von den eher aufgelockerten französischen und englischen Rosengärten. Meterhohe Rotbuchenhecken gliedern die Anlage in fünf Gartenräume, deren Verschiedenartigkeit beeindruckt.

Für seine erste Frau Josefine wollte Sielcken einen Blumengarten zum Blühen bringen. Und so ist es geblieben: Von Anfang Mai bis Oktober strömen die Rosen ihren Duft aus. Wohlklingende Namen befinden sich darunter wie Caprice, Brennende Liebe, Feuerzauber oder Gletscherfee. Zahlreiche Skulpturen und grün bewachsene Pergolen laden zum Flanieren und Träumen im eleganten Park ein. Lavendelfelder versprühen einen Hauch von Süden.

Benannt wurde die Rosengarten-Anlage übrigens nach dem Baden-Badener Oberbürgermeister Albert Gönner. An den großen Stifter aus Hamburg erinnert die Hermann-Sielcken-Straße unweit der Anlage.

● Gönneranlage, Lichtentaler Allee, 76530 Baden-Baden
● ÖPNV: Bus 201, 204, Haltestelle Bertholdplatz; Bus 216, Haltestelle Lichtentaler Allee/Museen

Kuchen und Weltliteratur

24 Café im Dostoyevsky-Haus in der Bäderstraße

Das Konterfei eines russischen Dichters auf dem Cappuccino? Auf den ersten Blick mag das unwahrscheinlich wirken. Doch im Café im Dostoyevsky-Haus in der Bäderstraße 4 unweit des Friedrichsbades ist das möglich. Ein Blick in die Vergangenheit macht schnell klar, warum hier ein kleines Café mit Literatenbezug angesiedelt ist: Es war im Sommer 1867, als der russische Dichter Fjodor Michailowitsch Dostojewski für einige Wochen in Baden-Baden in der kärglichen Wohnung in der Bäderstraße einquartiert war. Weltruhm erlangte später sein Werk „Der Spieler", dessen Kapitel autobiografische Züge aus der Zeit in der Bäderstadt aufweisen. Zumal er dem Roulette-Spiel im Casino so verfallen war, dass seine Frau Anna Grigorjewna jedes Mal in der ärmlichen Wohnung bangte, was er wohl erneut versetzt hatte, und ihrem Tagebuch anvertraute: „Ach, wie mir das alles zuwider ist."

Auf dem Balkon der Bäderstraße 2 erinnert heute eine Porträt-büste über dem aufgeschlagenen Roman „Der Spieler" an den russischen Dichter und seine Zeit in Baden-Baden. Forschungen in den 1990er-Jahren brachten jedoch ans Licht, dass sich die besagte Unterkunft in Wirklichkeit im Gebäude der Bäderstraße 4 befand, in dem 2019 folgerichtig das „Café im Dostoyevsky-Haus" seine Pforten öffnete. So gesehen ist es ein Glücksfall, dass im gepflegten Ambiente des Hauses nun beispielsweise selbst gebackener Käsekuchen, Kaffee-Spezialitäten und herrlich knusprige Sesam-Panini mit Käse und Tomaten serviert werden. Klar liegen die Romane „Der Idiot", „Der Spieler", „Schuld und Sühne" und „Die Brüder Karamasow" zum Lesen in den gemütlichen Nischen vor den Fenstern aus. Wer möchte, der bekommt das Porträt von Dostojewski auf dem Milchschaum seines Cappuccinos serviert. Und zum guten Schluss wird dem Gast die Rechnung in einer Ausgabe von Dostojewskis „Der Spieler" gereicht.

TIPP

Unweit das Restaurant Le Jardin de France mit ungewöhnlichen Kreationen.

● Café im Dostoyevsky-Haus, Bäderstraße 4, 76530 Baden-Baden,
Tel. (01 73) 3 10 74 94, https://cafe-im-dostoyevskyhaus-baden-baden.eatbu.com/
● ÖPNV: Bus 201, 204, 205, 206, 207, 214, 216, 218, 243, 244, Haltestelle Leopoldsplatz

Baden-Badens „gute Stube"

See, Fontäne und Villen am Augustaplatz

Der Augustaplatz ist die „gute Stube" im Zentrum der Bäderstadt und ein vielfältiger Ort zum Verweilen: Da ist das Ensemble aus dem künstlichen See mit seiner charakteristischen großen Wasserfontäne, ringsumher die herrschaftlichen Villen, dann die markante Evangelische Stadtkirche mit ihren zwei neugotischen Türmen, schließlich die grüne Oase mit Spielplatz und Relax-Möglichkeiten auf großen abgerundeten Steinen und Bänken. Es sind viele kleine Details, die den Platz so liebenswert machen. Doch das war nicht immer so.

Bis zum 19. Jahrhundert teilte der Gewerbekanal den Platz, über den unter anderem Brennholz hierher transportiert wurde. Dann folgte die Bebauung mit Villen, Hotels und herrschaftlichen Gebäuden. Schließlich erhielt der Platz im 20. Jahrhundert seine heutige Gestalt,

TIPP

Die Stadtkirche war der erste evangelische Kirchenbau im mehrheitlich katholischen Baden-Baden.

als 1977 der große See nach Plänen des Karlsruher Gartenbaudirektors Robert Mürb angelegt wurde. Nicht nur als Fotomotiv ist er beliebt: Bei sommerlichen Temperaturen ist die erfrischende Fontänengischt willkommen und im Winter freuen sich die Schlittschuhläufer, wenn sie dort auf der Eisbahn ihre Pirouetten drehen können.

Direkt am Augustaplatz befindet sich das nach der russischen Fürstin Gagarina benannte Palais Gagarin, in dem das Restaurant RIZZI und das Baden-Badener Standesamt untergebracht sind. Brautpaare nützen die Seekulisse für Fotoshootings, nachdem sie sich im Obergeschoss des Palais das Jawort gegeben haben. Das Gebäude gehörte einst Isabella Gagarina – der Witwe des Fürsten Serge Gagarin –, deren Initialen „IG" am Treppenaufgang zum Standesamt noch heute an sie erinnern. Reizvoll sind auch die Kleinarchitektur-Elemente wie der Buberlbrunnen, Farbzeituhr und Denkmäler für Pierre de Coubertin – Erneuerer der Olympischen Spiele – und Wilhelm Furtwängler, den großen Komponisten. Eine Windrose am Boden weist mit Entfernungsangaben auf das weltstädtische Flair hin. Der Platz selbst wurde nach der deutschen Kaiserin Augusta benannt, die vier Jahrzehnte lang jedes Jahr zur Kur nach Baden-Baden reiste.

● Augustaplatz, 76530 Baden-Baden
● ÖPNV: Bus 201, 204, 214, 216, Haltestelle Augustaplatz

Distanz zur Hektik

26 Auszeit im Kloster Lichtenthal

Die Baden-Badener Cistercienserinnen-Abtei Lichtenthal gehört zu den ganz wenigen Klöstern in Deutschland, die auf eine ununterbrochene Tradition zurückblicken können: Gegründet durch die Markgräfin Irmengard von Baden im Jahre 1245, überstand die Gemeinschaft sowohl Not- und Kriegsjahre als auch die Säkularisation in der napoleonischen Zeit. Und nie habe hier eine „Friedhofsatmosphäre" geherrscht, sagte der damalige Ordinarius anlässlich des 750-jährigen Bestehens der Abtei im Jahre 1995.

Was er damit meinte, wurde schnell klar, als die Elektronik- und Printmedien innerhalb der Klostermauern für einen Presse-Rummel sorgten. Doch die damalige Äbtissin samt den Cistercienserinnen lenkten das Tun der Medienmacher auf Bahnen, die mit der Ordensregel „ora et labora" („bete und arbeite") des heiligen Benedikt von Nursia einhergehen. Das bedeutet nicht Weltferne oder Abgeschiedenheit, sondern Distanz zur Hektik unserer Zeit.

TIPP

Das Café Lumen lädt mit Kuchen und sehr feinem Eis zum Entspannen ein.

Der Tagesablauf der Cistercienserinnen ist geprägt von Gottesdiensten und Gebeten, die täglich fünfmal in der Klosterkirche verrichtet werden. Außerdem pflegen die Schwestern den gregorianischen Gesang, der auf der CD „Tota pulchra es – Ganz schön bist du" im Klosterladen käuflich erworben werden kann – extrem hörenswert! Apropos Klosterladen: Als Mitbringsel gibt es auch verzierte Kerzen, Gebäck, Marmeladen und Klosterliköre.

Die Weltoffenheit zeigt sich in den angebotenen Kursen und Programmen, wobei der Kalligrafie-Kurs zu den beliebtesten zählt. Entdeckt wird dabei nicht nur die Schriftkunst des Mittelalters, sondern zugleich die Freude am Gestalten. So entstehen auf Bestellung unter fachkundiger Anleitung einer Mitschwester etwa Ehrenurkunden „made in Lichtenthal" – das hat schon was. Und wem der geschäftige Alltag in der Firma oder Familie mal zu viel wird, der tankt in einer Auszeit wieder neue Kraft. Die weltlich zugewandte Art zeigt sich auch darin, dass zwei Schwestern in der Grundschule unterrichten.

● Kloster Lichtenthal, Hauptstraße 40, 76534 Baden-Baden, Tel. (0 72 21) 50 49 10
www.abtei-lichtenthal.de
● ÖPNV: Bus 201, 204, Haltestelle Klosterplatz

Milchkur mal anders

 27 Im Wirtshaus Molkenkur im Grünen speisen

Immer nur Heilwasser zu trinken war nicht jedermanns Geschmack. Zum Glück kamen Paracelsus und seine medizinischen Weggefährten darauf, dass Milch oder Molke als Heilmittel bei verschiedenen Beschwerden ebenfalls entsprechende Linderung verschaffen könnte. Als Erstes führte man in der Schweiz diesen neuen Weg der Trinkkur ein. Die Folge: Milch- bzw. Molkenkuranstalten entstanden – ein Trend, der auch die Bäderstadt Baden-Baden erfasste. Verbürgt ist, dass mit der Eröffnung der Molkenkuranstalt am 1. Juni 1843 erstmals frische Molke mit Thermalwasser gemischt wurde – eine neue kurmäßige Anwendung, die sehr populär wurde.

Heute erinnert nur noch das „Wirtshaus Molkenkur" an jene Kuranstalt mitten im Grünen. Interessant ist, dass nicht nur Kühe, sondern bis zu 100 Schweizer Ziegen im „Molken-Einsatz" waren. Viele Geschichten und Fotos, mit denen die gemütlichen Stuben und Sitzecken mit nostalgischen Gerätschaften liebevoll dekoriert sind, erinnern an die großen Zeiten – darunter auch Belege von Kaiserin Elisabeth von Österreichs Besuch der Molkenkur im Jahre 1883. Zu einer der ersten Schönheitsfarmen in Deutschland stieg die Molkenkuranstalt Anfang der 1950er-Jahre auf, als die bekannte Kosmetikerin Rosel Heim sie erwarb. Eine Büste am Eingang erinnert an diese erfolgreiche Unternehmerin. Schließlich wurde das Wirtshaus auch zur Kulisse für die SWF-Fernsehserie „Alle meine Tiere", die 1963 mit Gustav Knuth samt Schimpanse Jimmy hier gedreht wurde. Im Jahre 1982 wurde das legendäre Haus an den SWR verkauft, der es schließlich sanierte und als Wirtshaus wieder eröffnete.

Unter grünem Blätterdach im großen Biergarten serviert das Team um Jörg Hamann heute badische Gerichte wie etwa Tafelspitz vom badischen Ochsen, Sauerbraten und die besonders köstliche geschmorte Lammkeule. So genießt man bei junger, moderner Küche die badische Lebensart in gemütlicher Atmosphäre.

TIPP

Wanderung zum Waldhaus Batschari mit tollem Blick auf die Stadt!

● Wirtshaus Molkenkur, Quettigstraße 19, 76530 Baden-Baden, Tel. (0 72 21) 3 32 57
www.molkenkur-baden-baden.de
● ÖPNV: Bus 214, 216, Haltestelle Hans-Bredow-Straße (SWR)

Betörender Duft

28 Im Rosenneuheitengarten Beutig

Baden-Baden wird als Rosenhauptstadt Deutschlands bezeichnet und macht ihrem Namen alle Ehre. Die „Goldene Rose von Baden-Baden" gilt europaweit als bedeutendste Auszeichnung für Rosenzüchter. Und alljährlich macht sich eine Jury mit Vertretern aus 15 Ländern im Neuheitengarten auf der Hanglage Beutig auf, um aus einer Auswahl von 120 verschiedenen Neuzüchtungen Europas die besten unter den Königinnen der Blumen zu küren. Einfach ist das nicht. Da wird geschnuppert, der Duft eingesogen und die Qualität ertastet. So etwa bei großblütigen Edelrosen, bienenfreundlichen Strauchrosen oder tiefroten Kletterrosen. Angelegt ist der Garten mit Rosenbögen, welche die Wege überspannen; Rasenflächen und Beeten, die förmlich überquellen von Blüten, und rosenumrankten Lauben, die zum Verweilen

TIPP

Der Beutig-Rundweg führt zu idyllischen Waldseen, zum Friesenberg und zur Stourdza-Kapelle.

einladen. Dazwischen blühen die Rosenneuheiten der vier aktuellen Jahrgänge. Auch die Besucher haben Gelegenheit, per Stimmzettel aktiv am Internationalen Rosenneuheiten-Wettbewerb teilzunehmen. Gekürt werden im Juni im wunderschönen Ambiente des Neuheitengartens die besten Rosen.

Die Kreation des bekannten Rosenzüchters Kordes aus Schleswig-Holstein taufte der legendäre TV-Showmaster Frank Elstner im Jahr 2008 auf den Namen „Souvenir de Baden-Baden". Sie ist damit in guter Gesellschaft von weiteren Rosenneuheiten, die auf den Kurort hinweisen, wie „Badener Sommergruß" oder „Black Forest Rose". Manche sind nach bedeutenden Persönlichkeiten benannt wie die „Queen Elisabeth Rose" oder „Konrad Adenauer" – der übrigens selbst Rosenzüchter und Schirmherr der ersten Baden-Badener Rosentage im Jahr 1952 war. Auch unabhängig vom Wettbewerb lohnt sich ein Spaziergang durch den Garten mit seinem betörenden Duft. Etwas Besonderes haben sich Kinobetreiber und das städtische Fachgebiet Park und Garten in jüngster Zeit einfallen lassen: das „Mondkino im Rosengarten", das im August nach 21 Uhr inmitten dieser traumhaften Schwarzwaldlandschaft stattfindet – was will man mehr.

● Rosenneuheitengarten Beutig, Moltkestraße, 76530 Baden-Baden
● ÖPNV: Bus 216, Haltestelle Stadelhoferstraße; Bus 218 Haltestelle Moltkestraße/ Rosengarten

Tafelberg und Hausberg

29 Gipfel des Merkur lockt als Ausflugsziel

Tafelberge gibt es viele – berühmte und wenig bekannte, große und kleine. Dass die Bäderstadt einen mit Namen „Merkur" vorweisen kann, ist beachtlich. Immerhin 668 Meter ist der Sonnenplatz hoch und ein Paradies für Wander- und Sportfreunde.

Los geht es an der Bergbahn-Talstation mit illustrer Gesellschaft: ein Damentrio aus dem Odenwald, eine Familie aus dem französischen Besançon und ein Ehepaar samt Hund. Besonders reizvoll ist die Fahrt im Mai und Juni, wenn der Rhododendron links und rechts der Bahntrasse für einen wahren Blütenrausch sorgt. Bei 54-prozentiger Steigung und 1200 Metern Streckenlänge wird nach vierminütiger Fahrt die Bergstation erreicht.

Der Name Merkur geht zurück auf den Fund eines römischen Meilensteins und eines Steinbildes im 17. Jahrhundert. Auf dem Rundweg ist eine sehenswerte Kopie des Steinbildes zu entdecken. Nicht versäumen darf man die Besteigung des Merkurturmes, von dessen Aussichtsplattform in 23 Metern Höhe sich ein wundervolles Rundumpanorama eröffnet: über alle Stadtteile, Burgen und Bergkuppen – ja sogar bis zur Rheinebene und den Vogesen. Die Höhe nutzt auch der SWR mit seinem Sendeturm.

TIPP

Restaurant Merkurstüble mit Aussichtsterrasse und Biergarten, direkt an der Bergstation.

Wer sich lieber einfach nur in der Sonne aalen möchte, der kann dies ausgiebig auf einer Liegewiese tun. Für Grillfreunde ist ebenso ein Platz vorhanden wie ein Spielplatz für Kinder. Wen es dagegen in die Lüfte zieht, der kann am Merkurhang mit den Gleitschirmen des Vereins „Die Schwarzwaldgeier" das beeindruckende Panorama von oben betrachten. Und noch zwei Bonbons hat der Tafelberg zu bieten: Wer als Wanderer mit den letzten Sonnenstrahlen den Gipfel wieder verlassen möchte, der drückt einfach die Taste für eine Selbstfahrt nach unten (von 10 bis 22 Uhr). Über Silvester fährt die Bahn bis in die späte Nacht hinein.

....

● Merkur und Merkurbergbahn, 76530 Baden-Baden
● ÖPNV: Bus 204, 205, Haltestelle Merkurwald (Talstation)

Eleganter Landschaftspark

30

Weltberühmte Lichtentaler Allee

Sie wandelte sich von der ländlichen Wald-und-Wiesen-Landschaft im Lauf der Jahrhunderte in einen englischen Park: die Lichtentaler Allee. Zahlreiche Legenden umranken die elegante Baumstraße, über die der Schriftsteller Otto Flake 1933 schrieb, dass sie das „schönste Stück Talsohle der Welt" sei. Seit mehr als 350 Jahren bildet die Allee auf fast 2,5 Kilometern Länge zwischen Goetheplatz und Kloster einen Landschaftspark, der sogar in den UNESCO-Welterbeantrag „Great Spas of Europe" als Kurlandschaft aufgenommen wurde.

Linden, Eichen, Trompeten- und Tulpenbäume säumen die sich schlängelnden Wege und offenen Aussichtspunkte: eine Ideallandschaft mit Gärten, Brunnen, Denkmalen und Skulpturen, flankiert von herrschaftlichen Villen und Hotels des 19. Jahrhunderts und einer Museumsmeile. Hier zu schlendern und flanieren hat schon den französischen Romantiker Gérard de Nerval 1840 beeindruckt: „Wie auf einer Pariser Promenade ist alles in Bewegung, alle strahlt Glanz und Luxus aus."

Wenn sich auch die Sichtweisen der vergangenen Jahrhunderte geändert haben, geblieben sind die eindrücklichen Erlebnisse im Lauf der Jahreszeiten: im Frühling, wenn Krokusse, Narzissen und Blausternchen samt den üppig blühenden Rhododendren und Azaleen die Wege zieren. Im Sommer, wenn zum plätschernden Gemurmel der Oos Rosen ihren betörenden Duft verströmen. Im Herbst, wenn sich die Blätter an Bäumen und Sträuchern in allen Schattierungen verfärben. Und im Winter, wenn sich der Raureif und die Stille über die Klosterwiese und die Kronenstrukturen der Bäume ausbreiten. Der Besucher kann da schon ins Schwärmen kommen. André Heller sagte in Frank Elstners SWR-Sendung „Menschen der Woche" im September 2013, dass die Lichtentaler Allee eine elegante, „von prachtvollen Bäumen geadelte Stadt" sei. Recht hat er.

TIPP

Wer Baden-Baden hoch zu Ross erkunden möchte, ist im Allee-Reitstall richtig.

● Lichtentaler Allee, Parklandschaft vom Goetheplatz bis zum Kloster Lichtenthal
www.lichtentaleralleе.de
● ÖPNV: Bus 201, 204, 205, 206, 207, 214, 216, 218, 243, 244, Haltestelle Leopoldsplatz

Luxushotel mit Flair

31 Große Geschichte des Brenners Park-Hotel & Spa

Der rote Baldachin mit seinen gerafften Vorhängen, umsäumt von Pflanzen- und Blumenarrangements am großzügig gestalteten Eingang, führt in die Welt von Eleganz und luxuriösem Flair, die das Brenners Park-Hotel & Spa auszeichnet. Inmitten der Bäderstadt residiert das „Brenners" seit 1872 und fügt sich harmonisch in die prachtvolle Parklandschaft der Lichtentaler Allee ein. Was die Historie mit der Neuzeit verbindet, ist die elegante Gastlichkeit mit innovativen Spa-Konzepten. Das wissen die Gäste aus aller Welt zu schätzen, wie beispielsweise Lady de Wyman Miró aus Florida, die seit 1937 als Stammgast begrüßt wird – das dürfte in der Branche einzigartig sein. Aber auch andere Persönlichkeiten aus Geschichte, Politik und Kultur haben hier schon getagt und genächtigt. Selbst Spuren der deutsch-französischen Freundschaft führen zum „Brenners": Gleich rechts in der Empfangshalle erinnert eine Tafel mit dem Datum 15. Februar 1962 an die historische Zusammenkunft von Charles de Gaulle und Konrad Adenauer in Baden-Baden.

TIPP

Die historische Villa Stéphanie mit Laubengang nebenan ist heute ein luxuriöser Wellnesstempel.

Wer das Glück hat, im renommierten Hotel zu nächtigen, kann in die Atmosphäre von charmanten Zimmern und Suiten eintauchen, die durch Komfort und Individualität bestechen – mit dem unverstellten Blick vom Balkon über die Villen oder die Aussicht über das Parkgelände der Lichtentaler Allee.

Das Angebot an kulinarischen Köstlichkeiten aus Küche und Keller ist berühmt. Wer der Atmosphäre mit den weltbesten Zigarren erliegen möchte, der ist in der Smokers-Lounge genau richtig. Wer es vorzieht, sich den feinen Seiten des Lebens mit einem Aperitif, Drink oder Cocktail zu widmen, der wird in der Oleander-Bar mit dezenter Pianomusik fündig. Der Name bezieht sich übrigens nicht auf die immergrüne Pflanze, sondern geht auf das Jahrhundertpferd „Oleander" zurück, das auf der Iffezheimer Rennbahn erfolgreich war. Ein Detail im „Brenners", in dem die sinnreiche Verschmelzung von Historie und Gegenwart allgegenwärtig ist.

● Brenners Park-Hotel & Spa, Schillerstraße 4/6, 76530 Baden-Baden, Tel. (0 72 21) 90 00, www.oetkercollection.com/de/hotels/brenners-park-hotel-spa/
● ÖPNV: Bus 201, 204, 214, 216, Haltestelle Augustaplatz

Erdgeschichte in Stein

32 Die Würfel auf dem Merkur

Als ob ein Riese gewürfelt hätte. So jedenfalls nimmt der Merkur-Besucher die sechs Steinwürfel wahr, die mit mächtigen Findlingen den geologischen Pfad zwischen Bergstation und Merkurturm säumen. Es sind einzigartige Steine, die nahezu alle Erdperioden umfassen. Das Faszinierende daran: Alle Gesteinsarten sind in der Umgebung von Baden-Baden anzutreffen.

Auf der geologischen Zeitreise von der Bergstation in Richtung Merkurturm erfahren die Besucher an den Findlingen Wissenswertes über die Herkunft, Eigenschaften und Verwendung von 17 Baden-Badener Gesteinsarten. Beispielsweise über den 700 Millionen Jahre alten Gneis, den sehr seltenen Porphyr oder den bizarren Kugelsandstein. Wohltuend sind die Blicke zwischen den Stationen hinunter zur Stadt und zu den Bergen, wo diese Gesteinsarten und Formationen das Anschauungsmaterial lieferten. Hat man diesen Pfad durchschritten, liegt direkt vor dem Merkurturm ein überdimensionales Würfelspiel. Einer dieser Würfel, eine Granit-Gesteinsart, hat ein erdgeschichtliches Zeitalter von etwa 330 Millionen Jahren auf dem Buckel, während ein anderer die neue, künstliche „Gesteinsart" Beton repräsentiert. Der geologische Wanderer erfährt dabei, dass schon die Römer vor 2000 Jahren für eine Art Beton grundsätzlich die gleichen Ausgangsstoffe wie wir für den heutigen Hochleistungsbeton benutzten – nämlich: Gestein, Sand, Wasser und Bindemittel (Kalk).

Projektträger des Geologiepfads sind das Forstamt der Stadt Baden-Baden und der Naturpark Schwarzwald Mitte/Nord, die mit dem Industrieverband Steine und Erden (ISTE) sowie Kies- und Beton-, Naturstein- und Schotterwerken die Vielfalt der Baden-Badener Urgesteine auf den Weg brachten. Wer sich in der Kurstadt auf Gesteinsart-Spurensuche begibt, wird ebenfalls rasch fündig: Rhyolith entdeckt man beispielsweise bei Villen, Buntsandstein an der kunsthistorisch bedeutsamen Stiftskirche, Bühlertal-Granit beim Geroldsauer Wasserfall. Die Battert-Felsen schließlich bestehen aus Porphyr.

TIPP

Wer von der Talstation zum Gipfel wandert, kann einen Zwischenstopp am Wildgehege einlegen.

....

● Merkur, 76530 Baden-Baden
● ÖPNV: Bus 204, 205, Haltestelle Merkurwald (Talstation)

Medien-Schmiede

33 Zu Besuch beim SWR

Baden-Baden ohne Südwestrundfunk (SWR)? Undenkbar. Er ist mit der Stadt genauso eng verbunden wie das Casino und das Festspielhaus. So steht hier zum Beispiel der wohl berühmteste Thermalbrunnen in der Sendergeschichte: Der Dreischalenbrunnen im Garten des heutigen Hotels Radisson Blu – einst der Badische Hof – diente in den 1960er-Jahren beim Vorgängersender Südwestfunk (SWF) als „dampfendes" Pausenbild.

Kultstatus genießen die „Tatort"-Krimis aus dem Südwesten mit den Kommissarinnen und Kommissaren Lena Odenthal und Johanna Stern (Ludwigshafen), Franziska Tobler und Friedemann Berg (Schwarzwald) und Thorsten Lannert und Sebastian Bootz (Stuttgart). Der Clou: Alle Teams drehen Szenen im „Tatort-Haus" in der Baden-Badener Cité.

TIPP

Wer live dabei sein möchte: Tickets gibt es zum Beispiel für die Sendungen „Nachtcafé" und „Sag die Wahrheit".

Dort findet sich die Kulisse des Polizeipräsidiums Stuttgart Tür an Tür mit der Wohnung von Lena Odenthal in Ludwigshafen. Das durchdachte Krimi-Sparmodell des Südwestrundfunks hat damit Vorzeigecharakter.

Ganz nah dran können die Fans der SWR-Kult-Serie rund um die fiktive Schwarzwaldfamilie „Die Fallers" sein. Denn beim Blick hinter die Kulissen werden ihnen nicht nur die authentisch nachgebauten Innenräume des Fallerhofs und des Gasthauses „Löwen" gezeigt, sondern auch, wie die Szenen richtig ausgeleuchtet werden. Immerhin entstehen so etwa 70 Prozent der Folgen am SWR-Standort.

Ebenso findet man auf dem Gelände am Fremersberg in Anlehnung an das offizielle Maskottchen die „Elch Studios" von SWR3 – auch im Jahr 2020 Deutschlands beliebtester Radiosender. Aus der Medien-Schmiede des SWR stammen außerdem der „Tigerenten Club", „Sag die Wahrheit" oder der beliebte Talk im „Nachtcafé" mit Michael Steinbrecher, bei dem Gäste ihre emotionalen und spannenden Geschichten erzählen. Voll auf Zukunft setzt der SWR mit dem Neubau eines Medienzentrums, das auf dem Gelände errichtet wird – mit neuester Studiotechnik für besonders effiziente und smarte Produktionen.

● SWR Funkhaus Baden-Baden, Hans-Bredow-Straße, 76530 Baden-Baden
Führungen: (0 72 21) 92 92 33 16 oder (0 72 21) 92 92 40 40, www.swr.de
● ÖPNV: Bus 214, 216, Haltestelle Hans-Bredow-Straße (SWR)

Wein im Feigenwäldchen

34 Das beliebte Weingut Kopp mit Lagen-Perle

So weit das Auge reicht: Weinreben inmitten einer sanfthügeligen Landschaft – das ist das sonnenverwöhnte Rebland von Baden-Baden. Auf eine besonders lange Tradition blickt das Klostergut Fremersberg zurück: Seit 1426 ist es mit dem Weinbau fest verbunden, was seit 1750 urkundlich belegt ist. Damals betrieben die Franziskanermönche sogar Feigenanbau, begünstigt durch die waldgesäumte Kessellage mit viel Sonne, optimalen Tagestemperaturen, kühler Nachtluft und kaum Frost. Noch heute erinnert der poetische Riesling-Lagenname „Feigenwäldchen" des Weinguts an die mediterranen Früchte. Winzer Johannes Kopp hebt gerade diese Parzelle hervor, die „als Lage eine besondere Perle Badens" ist. Die absoluten Spitzenweine „Feigenwäldchen Riesling Terrassen" und „Riesling Buntsandstein" unterstreichen die Monopollage. Die Lage „Klostergut Fremersberger Feigenwäldchen" ist zudem der erste Weinberg an der Badischen Weinstraße.

TIPP

Auch im Restaurant „Die Klosterschänke" beim Kloster Fremersberg kann man nett einkehren.

Äußerst beliebt ist es, alljährlich im Sommer inmitten der Weinreben ein Menü mit allen Sinnen wahrzunehmen: an weiß gedeckten Tischen mit drapierten Rebknorzen zu sitzen, vom norddeutschen TV-Starkoch Ronny Loll ein siebengängiges Menü aus heimischen Zutaten kredenzt zu bekommen und rassig-elegante Tropfen des Weinguts wie Chardonnay Gutswein zu genießen. Ergänzt wird der Abend durch lockere Geschichten und Anekdoten rund um den Wein und das Essen. Beispielsweise, wenn mit der Vorspeise Birnen, Bohnen und Speck das Norddeutsche durch den Schwarzwald seine Abrundung erfährt. Raffiniert ist etwa das badische Kasseler, das Ronny mit der speziellen bretonischen Zwiebel „Roscoff" zum Genuss werden lässt. Währenddessen werden die Sonnenstrahlen immer schwächer, bis der Feuerball über den Vogesen im Westen glutrot untergeht und der Mond über dem Rebenmeer und der Yburg seine Wacht beginnt. Vom Weingut – eine Exklave von Baden-Baden – führt übrigens eine malerische 2,5 Kilometer lange Weinwanderung durch die Kultur-Region.

● Weingut Kopp, Ebenunger Straße 21, 76547 Sinzheim-Ebenung,
Tel. (0 72 21) 80 36 01, www.weingut-kopp.com
● ÖPNV: Bus 216, Haltestelle Klostergut Fremersberg

Stammsitz der Markgrafen

Mächtige Burg Hohenbaden am Felssporn

Clever war das schon von den Markgrafen von Baden, als diese ihren Stammsitz mit der majestätischen Burg Hohenbaden – auch als das „Alte Schloss" bekannt – am westlichen Felssporn des Battert-Felsenmassivs errichteten. Mächtige Mauern von 2,60 Metern Dicke und noch heute erkennbaren 16 Metern Höhe sowie ein Graben waren massive Schutzschilde gegen Eindringlinge.

Als erster nachweislicher Markgraf von Baden benannte Hermann II. im Jahr 1112 seine Burg und den Ort darunter als „Baden" – erst 1931 wurde daraus offiziell der Doppelname. Seine Söhne bauten die Burganlage zur Oberburg und Unterburg aus. Von der einstigen mächtigen Markgrafen-Residenz zeugen heute noch die Ruinen der Unterburg mit dem Bernhardsbau, der um 1400 unter Markgraf Bernhard I. errichtet wurde und zu den größten und aufwendigsten Burgen-Wohnbauten im Deutschland jener Zeit zählte. Sehenswert ist die darin erhaltene Säule mit fragmentarischem Schmuck am Kapitell, der Bernhard I. von Baden zugeordnet wird. Eindrucksvoll sind aber auch die Blickwinkel, die sich auf zahlreichen Treppen, Wegen und Aussichtsplattformen bieten: eine grandiose Fernsicht über die Stadt und die Rheinebene bis hin zu den Pfälzer Hügelketten – besonders romantisch bei untergehender Sonne. Eine tragische Legende rankt sich um eine habgierige Markgräfin, die ihren kleinen Sohn verlor, als sie diesem sein großes Gebiet von der Mauerbrüstung aus zeigen wollte. Dabei entglitt er ihr und wurde nie mehr gefunden. Seit dieser Zeit irrt die weißhaarige Frau durch die Gemäuer.

An das wohl berühmteste Familienmitglied des Hauses Baden im Mittelalter erinnert eine Plakette im Bernhardsbau: Bernhard II., der später als der „selige Bernhard von Baden" zum Patron des Landes wurde. Draußen am Parkplatz weist eine Stauferstele auf die Verbindungen des badischen Stammsitzes zum großen Geschlecht der Staufer hin.

TIPP

Die nahe gelegene Bernharduskapelle wurde zu Ehren von Markgraf Bernhard von Baden errichtet.

● Altes Schloss Hohenbaden, Alter Schloßweg 10, 76532 Baden-Baden
www.altes-schlosshohenbaden.de

Am Fuß des grünen Berges

36 Putten und bunkern im Golfclub Baden-Baden

Den kleinen weißen Ball über gepflegten Rasen am Fuß eines grünen Berges spielen? Das gibt's: In idyllischer Tallage liegt der 18-Loch-Golfplatz von Baden-Baden unterhalb des Fremersberges. Einen besonderen Reiz entfaltet er in der Blütezeit des Rhododendrons im Mai sowie im Herbst mit farbenprächtigen Mischwäldern, die den Platz umgeben. Nicht von ungefähr zählt der Golfclub Baden-Baden zu den schönsten deutschen Natur-Golfplätzen. Dass die Spielbahnen zum Teil recht eng und durch nicht allzu große Grüns charakterisiert sind, verlangt allerdings präzise Schläge, um erfolgreich das 18. Grün zu erreichen. Wer als Nichtmitglied sein Glück versuchen möchte, kann auf der Driving Range schon mal die Abschläge üben.

Wer nicht dem Golfspiel verfallen ist, der kann trotzdem hautnah dran

TIPP

Spaziergang zum nahen Korbmattfelsen mit imposanter Rundsicht über das Golfgelände und die Berge.

sein. Nämlich von der schmucken Terrasse des im Grün liegenden Restaurants aus – oder drinnen am offenen Kamin, wo es auch bei bedecktem Himmel oder im Winter heimelig ist. Familie Krause und ihr Team kredenzen mediterrane, aber auch regionale Speisen. Nicht zu vergessen die sogenannte Handicap-Kunst am Platz, welche die Besucher zu vielfältigen Beurteilungen veranlasst. Dass die sportbegeisterten Engländer auch hier beteiligt gewesen sind, belegen die Annalen. Danach hatte Reverend T. Archibald White von der anglikanischen Kirche in Baden-Baden gemeinsam mit einem amerikanischen Konsul im Jahre 1893 beschlossen, den Rasensport einzuführen. Acht Jahre später wurde im Stadtteil Oos der erste Golfplatz eingeweiht. Die erfolgreiche Ära begann, als 1927/28 die Anlage am Fuß des Fremersberges entstand: Beispielsweise wurde hier im August 1936 der „Große Golfpreis der Nationen" ausgetragen, an dem 36 Länder teilnahmen. Königlich-britisch ging es dann zu, als im Jahre 1953 der damalige Golf-Präsident den Herzog von Windsor zum Golfen begrüßen konnte.

● Golfclub Baden-Baden, Fremersbergstraße 127, 76530 Baden-Baden
www.golf-club-baden-baden.de
● ÖPNV: Bus 216, Haltestelle Golfplatz

Die Zarin und ihr Denkmal

Vom Jesuitenplatz zur Auguste-Skulptur

Es war einmal eine schöne Prinzessin mit feinen Gesichtszügen und blauen Mandelaugen – Luise Marie Auguste von Baden. Als Gemahlin von Zar Alexander I. von Russland trat sie zum orthodoxen Glauben über und nannte sich Elisabeth Alekseevna. Ihr zu Ehren wurde als Geschenk einer Moskauer Bank eine Skulptur geschaffen, die von bleibendem Wert ist: Auf Initiative der Turgenev-Gesellschaft Deutschland steht sie seit Mai 2008 in einem kleinen Gärtchen. Vielleicht nicht ganz leicht zu finden, aber der Weg dorthin lohnt sich. Vorbei geht es am Rathaus bis zum monumentalen Bismarck-Denkmal, dann links die Jesuitenstaffeln hoch, und schon steht der interessierte Besucher inmitten von Grün und Blumen an einem kleinen Platz mit Sitzgelegenheit. Davor die Bronze-Skulptur der Prinzessin, die von Salavat Sherbakov vom Lehrstuhl für Skulptur an der Russischen Akademie für Malerei, Bildhauerei und Baukunst in Moskau geschaffen wurde. Ganz im Stil des 19. Jahrhunderts verkörpert das Denkmal die Verbundenheit mit den russischen Badegästen. Zu ihnen zählte die junge Kaiserin, die vom Flair der Stadt so fasziniert war, dass sie dies in einem Brief an eine Freundin in St. Petersburg so formulierte: „Ich bin hier seit vier Wochen an einem der schönsten Orte der Welt. Das ist eine Landschaft, die sogar diejenigen beeindruckt, die schon die schönsten Gegenden gesehen haben." Den einzigen Nachteil sah sie darin, dass „dieses schöne Fleckchen Erde nicht in Russland" liege.

Wer vor dem Bildnis der Prinzessin steht, die ein aufgeschlagenes Buch mit einer Ode von Alexander Puschkin in der Hand hält, wird rasch in die große Geschichte des Paares hineinversetzt: War es doch Elisabeths Mann, Zar Alexander I., der viel für das Land Baden getan hat, indem er bei den Verhandlungen auf dem Wiener Kongress Vorderösterreich mit der Hauptstadt Freiburg nicht dem österreichischen Fürsten Metternich überließ. Renate Effern, Russland-Expertin in Baden-Baden: „Damit war der junge Zar von Russland nun in aller Augen ‚der Retter Europas'."

TIPP

Die Stadtführung „Russische Geschichte" zeigt Stationen bekannter russischer Persönlichkeiten.

● Jesuitenplatz, 76530 Baden-Baden
● ÖPNV: Bus 201, 204, 205, 206, 207, 214, 216, 218, 243, 244, Haltestelle Leopoldsplatz

Musik und Bands nonstop

Das New Pop Festival in der Innenstadt

Unvergessliche emotionale Momente: einmal auf dem roten Teppich laufen, der sonst den Stars der Pop-Szene gehört. Möglich ist das während des SWR3 New Pop Festivals, wenn gleich die ganze Innenstadt damit ausgelegt ist und man vom roten Teppich zu außergewöhnlichen Spielstätten wie dem Kurhaus, Theater und Festspielhaus geführt wird. Der 2,5 Kilometer lange Bodenbelag mit dem Elch als äußerem Markenzeichen des New Pop Festival gehört seit 1994 genauso dazu wie die nationalen und internationalen Pop-Künstlerinnen und -Künstler. Anfängliche Bedenken bezüglich wilder Bands und vermeintlicher „Sesselschlitzer" im Theater haben sich schnell in Luft aufgelöst und so konnte 2019 bereits die 25. Auflage gefeiert werden: mit dabei unter anderem Lena Meyer-Landrut, Thomas Gottschalk, James Blunt, Mark Forster und Alice Cooper.

Die Dimension des Festivals zeigt sich in der Vielfalt, mit der sich die Newcomer des jeweiligen Popjahres versammeln: Mit stimmlichen Urgewalten und Gänsehaut-Charme machen sie die Bühnen zum Gesamterlebnis. Die Besucher sind stets live dabei, wenn die Bäderstadt ein Forum und Sprungbrett für aufstrebende Stars bietet. Das war bei Künstlern wie Amy Winehouse und Mark Forster genauso wie beim heutigen Mädchenschwarm und Top-Musiker Ed Sheeran – ganz nach dem Motto: „Wir haben ihn gesehen und waren dabei."

Doch das New Pop Festival bietet noch weitere Glücksmomente, etwa bei der SWR3 Gala – „das Special" – mit Weltstars, die sogar im Ersten zu sehen ist. Zudem gibt es den Preis „Pioneer of Pop" für Persönlichkeiten, welche die Popmusik geprägt haben. Abräumer waren bisher unter anderem Lionel Richie, die Scorpions, Udo Lindenberg, a-ha, Die Toten Hosen, Lenny Kravitz und Herbert Grönemeyer.

Eine runde Sache ist, dass sich das Festival zudem dem Umweltschutz und der Nachhaltigkeit verpflichtet fühlt. Wegwerfware ist verpönt. Selbst der kilometerlange rote Teppich wird umweltverträglich recycelt.

● SWR3 New Pop Festival, diverse Spielstätten in der Innenstadt
www.swr3.de/new-pop-festival
● ÖPNV: Shuttlebusse ab dem Bahnhof Baden-Baden und den Parkhäusern

Ehrenplatz über der Stadt

39 Die Stourdza-Kapelle für ein Fürstengeschlecht

Es ist ein schöner Weg, der gleich hinter der Trinkhalle beginnt und den Namen von Bénazet – der großen Dynastie – trägt. Vorbei führt er an einem blumen- und pflanzenumrankten lauschigen Pavillon, der zum Verweilen einlädt. Danach schlängelt sich der leicht zu bewältigende Fußweg an uralten Mammutbäumen und Magnolienbüschen entlang, gibt bei einer kleinen Wasserkaskade den großartigen Blick auf die Stadt, das kleine Felsengebirge Battert und den Hausberg Merkur frei. Nach einigen Hundert Metern ist der Michaelsberg mit seinem 24 Meter hohen Monument der Stourdza-Kapelle erreicht, bei der die Stille greifbar scheint. Dieses Kulturdenkmal lässt sich im Baustil nicht im üblichen Sinne mit anderen Kapellen vergleichen. In ihr ruhen die Angehörigen des moldawischen Fürstengeschlechtes Stourdza, die im 19. Jahrhundert zu den „oberen Zehntausend" in Europa zählten.

TIPP

Die Kapelle ist täglich von 10 bis 18 Uhr geöffnet, Besichtigung nur nach telefonischer Anmeldung.

Michael Stourdza, Herrscher über das einstige Fürstentum Moldau, musste aufgrund von Revolutionen mit seiner Familie fliehen. Zuerst nach Paris und dann nach Baden-Baden. Dank seines Reichtums konnte er ein Palais mit allem Drum und Dran erwerben. Es wird erzählt, dass seine Frau Smaragda sogar eine silberne Kehrschaufel samt Handfeger besaß und ein kleiner Eisweiher zum Abkühlen von Champagner diente. Doch das unbeschwerte Leben hatte auch traurige Seiten. Sohn Michael beging mit 17 Jahren Selbstmord, woraufhin der Fürst ihm die Gedächtniskapelle auf dem Michaelsberg errichten ließ. Sie wurde nach den Plänen des bedeutenden Münchner Architekten Leo von Klenze aus weißem, rotem und gelbem Sandstein erbaut, das vergoldete Kuppeldach krönt das griechisch-orthodoxe Kreuz. Ein weiteres Stilelement ist die Vorhalle, die von vier ionischen Rundsäulen getragen wird. Und wer den Innenraum betritt, der wird vom Anblick des goldenen Altarbereichs, der großflächigen Bilder der Fürstenfamilie, der Fresken samt Skulpturen und der Darstellungen oben in der Kuppel überwältigt – prägendes Kulturgut einer großen Fürstenfamilie.

● Stourdza-Kapelle, Stourdzastraße 2, 76530 Baden-Baden, Tel. (0 72 21) 2 85 74
● ÖPNV: Bus 208, Haltestelle Solmsstraße

Wildromantisch

40 Wanderweg zum Geroldsauer Wasserfall

Der Geroldsauer Wasserfall im Grobbachtal zählt zu den schönsten in Deutschland. Vielleicht ist es der wildromantische Weg dorthin, der ihn unverwechselbar macht. Inmitten eines Waldes mit moosbewachsenen Steinen geht es entlang des klaren Grobbachs. Der eher einem Spaziergang gleichende Weg beginnt am Wanderportal Geroldsauer Wasserfall am Waldparkplatz Bütthof und führt zunächst zum Brahms-Brunnen, wo einst der Musiker mit Clara Schumann eine Rast einlegte. Vor allem in den Sommermonaten herrscht hier eine angenehme Kühle, sodass sich auch leichte Anstiege gut bewältigen lassen. Natürliche Rastplätze laden zum ungezwungenen Picknick mit der ganzen Familie ein.

Das leise Plätschern des Grobbachs – ein wohliges Gefühl für die Sinne.

TIPP

Wer noch zur Bernickelfelshütte (543 Meter) wandert, kann eine tolle Aussicht genießen.

Und dann ein leichtes, sich immer mehr verstärkendes Rauschen des Baches, der sich mit lautem Getöse schließlich aus 9 Metern Höhe in einen kleinen Gesteinskessel – Bütt genannt – ergießt. Er erinnert in seiner natürlichen Form an einen großen, mit Wasser gefüllten Bottich. Dieses geologische Naturdenkmal zog schon im 19. Jahrhundert auch den Maler Gustave Courbet an, um hier neue Inspirationen zu schöpfen. Besonders paradiesisch wirkt der Wasserfall, wenn von Mai bis Juli an den Uferrändern unzählige Rhododendronbüsche mit ihren Blüten in kräftigen Farben erstrahlen. Aber auch im Winter bietet der Wasserfall mit seinen bizarren Eisbilden einen beeindruckenden Anblick.

Geht man vom Wasserfall nur ein paar Minuten weiter talaufwärts, gelangt man zur Waldgaststätte Bütthof, die mit ihrem Skihütten-Charakter zu einer Rast einlädt. Im Bütthof gibt es eine Vesperkarte und Fleischgerichte – aber auch Fleischfondue und Käsefondue bei Kerzenschein, und im Sommer deftige Sachen vom Grill.

....

● Geroldsauer Wasserfall, Spazierweg ab Waldparkplatz Bütthof, an der Schwarzwaldhochstraße hinter Geroldsau
● ÖPNV: Bus 204, X45, Haltestelle Malschbach

Vergoldeter Zwiebelturm

 41

Die Russisch-Orthodoxe Kirche

Wenn sie singen, dann beten sie zugleich – die orthodoxen Christen. Bei ihrer Gesangstradition ist es nicht wichtig, wie man sich persönlich ausdrückt oder das Ritual künstlerisch gestaltet. Hauptsache, es wird gesungen – Hauptbestandteil jedes Gottesdienstes.

Ein Ort, an dem die russische Seele mitschwingt, ist die Russisch-Orthodoxe Kirche, die sogar den Status besitzt, auf russischem Boden zu stehen: Geschichtlich belegt ist, dass Prinzessin Maria Maximilianowna von Baden im Jahre 1905 das Grundstück und die Kirche dem russischen Staat vermachte. Weithin ist die strahlend goldene Kuppel als Wahrzeichen dieser Kirche im byzantinischen Stil – die einzige in Baden-Württemberg mit einem solchen Abschluss – an der Lichtentaler Straße zu sehen. Sie verkörpert ein Stück lebendige russische Geschichte – passend zum russischsten Ort in Deutschland.

TIPP

Gottesdienste mit berührenden Gesängen immer samstags/sonntags am 1., 3. und 4. Wochenende im Monat.

Das einzigartige Bauwerk wurde von 1880 bis 1882 von Wladimir Potemkin und Bernhard Belzer erbaut, wobei die reichen Fresken im Innern vom „Malerfürsten" Grigor Grigorijewitsch stammen. Berühmt ist die Darstellung der Verklärung Christi über dem Eingangsportal, die in der Emaille-Werkstatt auf der italienischen Glaskunst-Insel Murano hergestellt wurde. Bewunderung auch für den Innenraum, einen Traum aus Gold: Besucher sind berührt, wenn sie durch das goldene „Kaisertor" gehen und vor einer mit Ikonen verzierten Bilderwand aus weißem Marmor vor dem Altarraum stehen.

Dass diese Kirche überhaupt gebaut werden konnte, ist vor allem dem Engagement von Prinzessin Maria Maximilianowna, Gemahlin des badischen Prinzen Wilhelm und Nichte des russischen Zaren Alexander II., zu verdanken. Ihre letzte Ruhestätte befindet sich in der Gruft unter dem Altarraum, ebenso wie die der Fürstin Tatjana Gagarina. Das Bauwerk wurde seinerzeit in der Presse als „weiterer Baustein des kosmopolitischen Charakters der Stadt" gefeiert. Damit war der lang gehegte Wunsch unter den russischen Kurgästen, einen orthodoxen Gottesdienst besuchen zu können, in Erfüllung gegangen.

● Russisch-Orthodoxe Kirche zur Verklärung des Herrn, Lichtentaler Straße 76, 76530 Baden-Baden, Tel. (0 72 21) 3 73 21 38, www.rok-baden-baden.de
● ÖPNV: Bus 201, 204, Haltestelle Bertholdplatz

Fahren mit dem Wind

42 Über Weinreben und Berge mit Ballooning

Heiße Phase vor der Fahrt bei Sonnenaufgang auf der Klosterwiese: Die Luft in der riesigen Ballonhülle mit 10.000 Kubikmetern Fassungsvermögen wird aufgeheizt. Der Pilot von Ballooning 2000 überwacht die Befestigung der Hülle, erklärt jedem, was zu tun ist, und jagt noch einige Feuerstöße in den Ballon. Der Adrenalinspiegel steigt, und alle warten auf das Signal: „Jetzt alle einsteigen!" Hastig klettern zwölf Teilnehmer in den gepolsterten Korb. Kurz darauf geht es wie im Fahrstuhl langsam nach oben. Der Startplatz nahe dem Kloster und winkende Menschen – alles schrumpft innerhalb von wenigen Minuten auf Zwergenformat. Der entfesselte Ballon fährt mit einem lauen Lüftchen über Weinhänge, Wälder, Berge und Seen.

Bei idealem Fahrwetter genießen die Insassen die unvergleichliche Aussicht auf die Stadt unter ihnen und das Panorama des Nordschwarzwalds. Mit dem Piloten geht es schließlich bis auf 1000 Meter Höhe – wo die Freiheit grenzenlos scheint und der Lärm auf der Erde nicht mehr heraufdringt. Manche wickeln Handy-Gespräche ab, andere hören sich die Ballonfahrer-Geschichten des Piloten an oder verfallen in Nostalgie ob der wahr gewordenen Träume aus der Kinderzeit. Ansonsten wird die Stille nur einige Male durch ein paar donnernde Flammenstöße unterbrochen, damit das Luftfahrzeug auf dem Höhenkurs verharrt. Per Funk ist der Pilot mit dem Begleitfahrzeug am Boden verbunden, das der Route gen Süden über Weinhänge folgt.

Das Ende verläuft nicht abrupt, sondern zielgenau und sicher. Der Pilot hat eine Wiese als Landeplatz ausgemacht, und bald darauf schwebt der Ballon darüber und setzt mit dem Korb sanft auf. Erst mit der „Ballonfahrertaufe" – der Urkundenübergabe und Sekt – samt Picknick endet das Abenteuer am Himmel. Toll: Der Logenplatz am Himmel kann von jedem gebucht werden. Die Fahrtroute allerdings, zwischen Schwarzwald, dem Rheintal und den Vogesen, bestimmt der Wind.

● Ballooning 2000, Treffpunkt an der Ballonhalle, Dr. Rudolf-Eberle-Straße 5, 76534 Baden-Baden (je nach Windrichtung verschiedene Startplätze) www.ballooning2000.de
● ÖPNV: Bus 261, 262, Haltestelle Rebland (Steinbach)

Wenn der Wind erzählt

43 Größte Windharfe Europas im Alten Schloss

Wenn allmählich der Tag zu Ende geht, dann herrscht in der Ruine des Rittersaals des Alten Schlosses eine besondere Atmosphäre. Ein Muss, in der Stille zu verharren. Wenn dann ein leichter Wind aufkommt, vernehmen die Besucher einen seltsamen Ton – zuerst ganz zart, dann fast wie ein Blätterrauschen, das an- und abschwillt. Wird der Wind stärker und böiger, so mischen sich tiefe Grundtöne mit hohen zu summenden Akkordfolgen, die sich wie Sphärenklänge oder Himmelsorgeln anhören. Die Windharfe scheint auf geisterhafte Art durch „Äolus", den Gott der Winde, in sanfte Schwingung versetzt worden zu sein. Das Windspiel berührt, denn es ist ein natürliches, ohne Verstärker, ohne 1000-Watt-Boxen – alles atmosphärisch komponiert. Unwillkürlich kommen einem Songs wie „Blowin' in the Wind" von Bob Dylan oder das romantische Stück „Frag' den Abendwind" von Françoise Hardy in den Sinn.

TIPP

Das Alte Schloss ist Ausgangspunkt für eine Wanderung auf dem Unteren Felsenweg am Battert.

Nachdem es im Schloss Hohenbaden bereits 1851 eine kleine Windharfe gab, die jedoch nur bis 1920 hier verblieb, steht nun seit 1999 die derzeit größte Windharfe Europas in einer Fensternische des Alten Rittersaals. Sie hat eine Höhe von 4,10 Metern und besteht aus 120 Kunststoffsaiten. Der Musiker und Harfenbauer Rüdiger Oppermann hat sie so entwickelt und gebaut, dass unterschiedliche Obertöne entstehen, die sich sogar zu Akkordfolgen vereinen. Diese können dann – je nach Stärke des Windes – vom zartesten Pianissimo zum rauschenden Forte anschwellen. Und wenn die Harfe reden könnte, dann würde sie nach der Schriftstellerin Brigitte Gutmann vielleicht Folgendes erzählen: „Im Frühling träume ich von den ersten warmen Winden, die mich zum Klingen bringen. Endlich sind sie da! Sie spielen mit meinen Saiten wie mit tönenden Haaren. Sehnsucht liegt in der Luft. Ich spüre, wie es in den Ruinen um mich herum treibt und knospt …"

⬤ Windharfe, Altes Schloss (Schloss Hohenbaden), Alter Schloßweg 10, 76532 Baden-Baden

Gipfelglück auf 1000 Metern

44 Die Badener Höhe

Es gibt nicht viele Orte in Deutschland, die auf ihrem Stadtgebiet als höchsten Punkt einen Berg mit Mittelgebirgscharakter von 1000 Metern aufweisen können. Doch bei der Badener Höhe ist es so. Klar, dass diese Höhe es den Besuchern und Wanderern angetan hat und viele einmal hier oben stehen möchten, allein schon deswegen, weil der berühmte Westweg von Pforzheim nach Basel über die Gipfelkuppe führt. Verlockend ist natürlich auch die grandiose Rundsicht, die vom 30 Meter hohen Friedrichsturm aus genossen werden kann: Bei klarer Sicht blickt man hier bis zu den hessischen Hügeln, zum Pfälzerwald, zu den Vogesen, zur Schwäbischen Alb und – bei extrem guten Sichtbedingungen – sogar zu den schneebedeckten Gipfeln der Schweizer Alpen.

Los geht es am Wanderportal beim Waldgasthaus Scherrhof im Stadtwald geradewegs auf dem Rundweg in die Höhe, vorbei am Harzbrunnen und der Immensteinhütte, wo schon die Silhouette der Bergspitze auszumachen ist. Dort angekommen, lässt es sich mit der Rucksackverpflegung im kleinen Pavillon beim Turm herrlich picknicken. Mit neuer Kraft lohnt es sich, das weithin sichtbare Kulturdenkmal des Buntsandstein-Turmes – der durch Großherzog Friedrich I. von Baden im Jahre 1891 eingeweiht wurde – zu besteigen. Dank dem Schwarzwaldverein und einem Baden-Badener Unternehmer konnte das Turm-Schmuckstück nach einer Renovierung im Jahre 2003 wieder geöffnet werden. Allerdings müssen Turmgeher erst 169 Stufen erklimmen, ehe sich der weite Blick öffnet. Noch heute deutlich zu erkennen sind die verheerenden Verwüstungen durch den Sturm „Lothar" im Jahre 1999.

Nach dem Abstieg lässt es sich beim Scherrhof gut einkehren. Geschichte schrieb die über 200 Jahre alte Gaststätte, als Bundeskanzler Konrad Adenauer im Juli 1953 mit Vertretern der Stadt Baden-Baden hier zusammentraf, um über die Außenministerkonferenz der Montanunion-Staaten zu beraten. Anlässlich des hohen Besuches wurde die „Jägerstube" eingerichtet.

TIPP

Der Naturspielplatz beim Scherrhaldekopf liegt nur wenige Minuten von der Gaststätte im Wald.

● Badener Höhe, Startpunkt: Waldgasthaus Scherrhof, Stadtwaldstraße, 76534 Baden-Baden

Kunstsammlung von Weltruf

45 Frieder-Burda-Museum in der Lichtentaler Allee

Das lichtdurchflutete Museum Frieder Burda – die „weiße Villa im Park" – wurde vom New Yorker Star-Architekten Richard Meier für die Kunst des 20. und 21. Jahrhunderts entworfen und fügt sich harmonisch in die Parklandschaft der Allee ein. Form, Linienführung und Dimensionen sind auf die umgebende Natur abgestimmt und stellen durch die baulichen Besonderheiten auch eine Verbindung zu der neoklassizistischen Kunsthalle daneben her. Besondere Akzente setzen die hellen, schlicht gehaltenen weißen Räume mit immer wechselnden Ausstellungen.

Im europäischen Raum genießt die Sammlung Frieder Burda, zu der etwa 1000 Werke moderner und zeitgenössischer Kunst zählen, großes Ansehen und gilt als qualitativ besonders wertvoll. Der Namensgeber Frieder Burda – 2019 verstorben – war ein passionierter und engagierter Sammler, den vor allem Farbe und emotionale Ausdrucksqualitäten der Malerei begeisterten. Doch woher kam Frieder Burdas Leidenschaft? Antwort gab die Ausstellung: „Die Bilder der Brüder. Eine Sammlungsgeschichte der Familie Burda", die im Jahr 2020 mit großem Erfolg gezeigt wurde. Danach hatten seine Eltern Aenne und Franz Burda die Sammelleidenschaft vorgegeben. So sprang der Kunst-Funke schon früh auf die Sprösslinge Franz, Frieder und Hubert über. Neben Vertretern des deutschen Expressionismus – von Max Beckmann über Ernst Ludwig Kirchner und Karl Schmidt-Rottluff bis zu Gabriele Münter – sind auch Gemälde von Emil Nolde und August Macke echte Hingucker. Ein besonderes Ausstellungsstück bildete das Gruppenporträt „The Three Gentlemen" der drei Burda-Brüder von Andy Warhol in drei farblich unterschiedlichen Varianten. Mit der Ausstellung, deren Planung Frieder Burda noch miterlebte, erfüllte sich für ihn ein großer Wunsch: die Kunst aller drei Brüder gemeinsam in seinem Museum zu präsentieren.

TIPP

Das Museum bietet verschiedene Führungen an, um Menschen jeden Alters die Kunst nahezubringen.

● Museum Frieder Burda, Lichtentaler Allee 8b, 76530 Baden-Baden, Tel. (0 72 21) 39 89 80, www.museum-frieder-burda.de
● ÖPNV: Bus 201, 204, 214, 216, Haltestelle Augustaplatz

Mediterrane Gartendüfte

„Fußbodenheizung" am Florentinerberg

Der Florentinerberg ist eigentlich kein großer Berg, eher eine steile Hanglage. Was ihn so inspirierend macht, ist seine südländische Vegetation, die mit ihren wohligen Düften von Zitronen- und Orangenbäumchen fast berauschend für ein „Dolcefarniente" wirkt. Dies hatten sich schon die Römer mit ihren Soldatenbädern zu eigen gemacht. Der Name Florentiner geht vermutlich zurück auf den Markgrafen Jacob, der von seiner Reise nach Florenz die Idee für einen mediterranen Garten mitbrachte.

Das Geheimnis der Fülle an mediterranen Gartendüften: die heißen Quellen 2000 Meter unterhalb des Florentinerberges, die wie eine „Fußbodenheizung" wirken. Denn die berühmten Thermalquellen sind nicht nur Balsam für Körper und Seele der Badenden. Ihre Wärme tut auch den Pflanzen und Sträuchern gut. Insofern sorgen die heißen Quellen für ein Kleinklima, das nördlich der Alpen sonst nur schwer zu finden ist. Deswegen reifen am Florentinerberg unter anderem Erdbeerbaumfrüchte, Feigen, Kakipflaumen und Kiwis. Auch die empfindlichen Kamelien und Palmen können hier überwintern.

TIPP

Spaziergang zur Engelswiese und dem Fürstenberg-Denkmal mit schönem Ausblick auf das Neue Schloss.

Obwohl die Hanglage schon im 17. Jahrhundert als Terrassengarten angelegt war, konnte sich die mediterrane Vegetation nicht richtig durchsetzen. Erst als in den 70er-Jahren des 20. Jahrhunderts die Gestaltung des Florentinerberges zur Landesgartenschau 1981 anstand, wurde hier erneut ein Refugium für wärmeliebende Pflanzen geschaffen. Seither lässt es sich herrlich an Hanfpalmen, Zypressen, Bitterorangen, Zitronen, Jasmin und Kamelien entlangschlendern. Der Weg führt an efeubewachsenen Mauern vorbei durch einen kleinen Bambushain, der schon um die Wende vom 19. zum 20. Jahrhundert entstanden ist. Ein Verweilpunkt ist die Menton-Terrasse in sonniger Südlage, die eine herrliche Aussicht auf den Merkur bietet. Zugleich erinnert der Ort an die Städtepartnerschaft mit der südfranzösischen Zitronenstadt Menton, die am 10. September 1961 geschlossen wurde.

● Florentinerberg, Marktplatz bis Schloßstraße, 76530 Baden-Baden
www.baden-baden.com/media/attraktionen/florentinerberg
● ÖPNV: Bus 208, Haltestelle Marktplatz/Rathaus

Kleinod in der Unterwelt

47 Der Rathaus-See

In ein Rathaus zu gehen und sich einen unterirdischen See anzuschauen – auch das ist Glück. Das im Volksmund als „Rathaus-See" bekannte Gewässer besteht aus zwei verschiedenen Becken, die miteinander verbunden sind: Wenn im oberen See das Wasser ansteigt, fließt es in den etwas tiefer liegenden See über. Dass dieses Kleinod in der Unterwelt überhaupt existiert, ist den historischen Gegebenheiten zu verdanken. Im Mittelalter gab es im Oostal viele Mühlen mit entsprechenden Mühlsteinen. Diese wurden in einem Steinbruch bearbeitet, der eben genau unter dem jetzigen Rathaus lag und eine Vertiefung zurückließ. Aus jener Zeit ist ein noch nicht ganz fertiggestellter Mühlstein erhalten geblieben, der für Besucher gut sichtbar in 1 Meter Tiefe in einem der beiden Becken liegt. Das andere Becken ist sogar bis zu 4 Meter tief, krümmt sich hinter einem Felsvorsprung und hat eine dauerhafte Temperatur von 18 Grad Celsius.

TIPP

Wieder über der Erde lockt das nahe Restaurant Löwenbräu mit bayerischer Gemütlichkeit.

Die städtebaulichen Veränderungen der Jahrhunderte führten dazu, dass der ehemalige Mühlstein-Steinbruch durch die einstige Jesuitenkirche, die heute zum Rathauskomplex gehört, „zugebaut" wurde und der See hinter den 3 Meter starken Mauern ins Dunkle verbannt wurde. Allerdings hielt sich die Sage, dass an dieser Stelle ein See sei. Dem ging im Jahre 1990 Roland Seiter, Pressechef der Stadt Baden-Baden, nach und entdeckte einen kleinen Durchgang im Gemäuer, der wohl zur Entlüftung der Kirchenmauer diente. In diese Öffnung kroch ein schlanker und mutiger Feuerwehrmann mit Taschenlampe und bestätigte den Wahrheitsgehalt: Da ist wirklich ein See. Doch woher kommt das Wasser? Laut Seiter handelt es sich dabei um Sickerwasser, das über den Rathaus-Innenhof nach Regenfällen über mehrere Tage nach unten dringt, durch die Erde gefiltert wird und Trinkwasserqualität hat.

Der See kann heute zu den regulären Öffnungszeiten des Rathauses besichtigt werden.

● Rathaus-See, Rathaus, Jesuitenplatz, 76530 Baden-Baden, Tel. (0 72 21) 1 15
● ÖPNV: Bus 201, 204, 205, 206, 207, 214, 216, 218, 243, 244, Haltestelle Leopoldsplatz

Feine Kaffeehauskultur

48

Kuchen und Pralinen im Café König

Ein Besuch im Café, das gehört zu Baden-Baden wie ein Bummel in der Lichtentaler Allee. Mitten in der Stadt hat das traditionsreiche Café König seinen Stammplatz. Davon schwärmten schon die Reichen und Schönen vergangener Epochen. Das Kaffeehaus wurde und wird zum charmanten Ort des stilvollen Kaffeegenusses mit hausgemachten Torten, kleinen Speisen und vielfältigen Confiserie-Spezialitäten. Und wenn die wärmenden Sonnenstrahlen es zulassen, dann wird alles vom großzügigen Innenraum auf die Außenterrasse unter einen alten Kastanienbaum verlegt.

Schon im 19. Jahrhundert hatte das Vorgänger-Café Zabler einen guten Ruf und wurde auch von Franz Liszt und Leo Tolstoi besucht. Die Tradition als Genießer-Adresse setzte sich fort, ab Mitte der 1950er-Jahre unter dem Namen Café König. Davon zeugen VIP-Besucher wie Kaiserin Soraya, Gustav Knuth und Udo Jürgens. Legendär und historisch einzigartig sind die in den 60er-Jahren aufgelegten, 30 Seiten starken Hausbroschüren, die von Heinz König auf leichte, philosophische Art zum Kaffeegenuss hinführen, „an einen Platze von Historie und lieblichster Natur". Begehrt waren zu dieser Zeit die Spitzen-Pralinen, als Präsent „bei Empfängen illustrer Persönlichkeiten". Der Clou war sicher auch, dass die internationalen Gäste ihre Tageszeitungen wie „New York Times" und „Le Figaro" zum Kaffeegedeck lesen konnten. 2003 hat nun die Confiserie Gmeiner – einer der renommiertesten Chocolatiers in Europa – das traditionsreiche Café übernommen und offeriert hochwertige Spezialitäten: so etwa Windbeutel mit feinstem Vanillemousse, Schwarzwälder Kirschtorte à la Gmeiner, hausgemachte Florentiner und knisternde Frucht-Geschmackserlebnisse von Himbeer- und Limone-Knallbrause-Schokolade. Wen wundert's, dass die „New York Times" schon mehrfach das ausgezeichnete Café lobend mit den Worten erwähnte: „Wer nicht im Café König war, war nicht in Baden-Baden."

TIPP

Auf dem nahe gelegenen Leopoldsplatz lockt der Brunnen des renommierten Bildhauers Ernst Günter Herrmann.

● Café König, Lichtentaler Straße 12, 76530 Baden-Baden, Tel. (0 72 21) 2 35 73
www.chocolatier.de/kh_koenig.php
● ÖPNV: Bus 201, 204, 205, 206, 207, 214, 216, 218, 243, 244, Haltestelle Leopoldsplatz

Zurück ins 19. Jahrhundert

49

Kunst und Technik im Museum LA8

LA8. Los Angeles? Nein. Das Kürzel steht für das jüngste Museum in der Bäderstadt an der Lichtentaler Allee (LA) mit der Hausnummer 8. Wer sich dorthin aufmacht und durch ein Tor hindurchschreitet, wird auf Anhieb nostalgisch. Kein Wunder, denn das LA8 versetzt in eine vergangene Zeit und zeigt, wie Kunst und Technik des 19. Jahrhunderts sich gegenseitig beeinflussten – ein in Deutschland bisher einzigartiges Konzept.

Vom „Traum vom Fliegen im 19. Jahrhundert" bis hin zu Bildern und Geschichten von Künstlern wie Wilhelm Busch und Hans Thoma. Die Besucher werden in eine Welt entführt, in der Reisen und schöneres Wohnen einen neuen Reiz mit sich brachten. Und wie es sich für eine Bäderstadt gehört, war hier auch das Thema „Baden in Schönheit. Die Optimierung des Körpers im 19. Jahrhundert" schon einmal präsent. Wellnessbäder, Fitnessclubs, Schönheitsoperationen: Dass die heutigen Geräte und Anwendungen auf Erfindungen von damals beruhen, zeigte das LA8 bis Anfang 2021. Faszinierender Blickfang für die Besucher des 21. Jahrhunderts war beispielsweise ein historisches Fitnessgerät – ein gusseiserner Rumpfdrehstuhl der Badekultur des 19. Jahrhunderts. Alles war so neuartig – mischten sich doch künstlerische Ideale und medizinischer Fortschritt, Gesellschaftsutopien und Apparatetechnik zu einem neuen Menschenbild.

Dem eher unfreiwilligen Baden-Gehen widmet sich nun die aktuelle Ausstellung des Museums: „Schön und gefährlich. Die hohe See im 19. Jahrhundert".

Halbjährlich ziehen neue Themenausstellungen die Besucher in ihren Bann – stets mit Symposien, Lesungen und Vorträgen verbunden, welche die Vergangenheit lebendig machen. Das LA8 zeigt auf seine Art, dass uns das vorletzte Jahrhundert in vielerlei Hinsicht näher und aktueller ist als gedacht. Für Schüler ein gern besuchter „außerschulischer Lernort".

TIPP

Die Brasserie Rive Gauche neben dem LA8 bietet eine junge, moderne Küche in unkonventionellem Ambiente.

● Museum LA8, Lichtentaler Allee 8, 76530 Baden-Baden, Tel. (0 72 21) 97 39 76 90
www.la8.de
● ÖPNV: Bus 201, 204, 214, Haltestelle Augustaplatz; Bus 216,
Haltestelle Lichtentaler Allee/Museen

Süße Roulettekugeln

50 Confiserie Rumpelmayer in den Kurhaus-Kolonnaden

Es ist ein Stelldichein hoher Konditorkunst: die Confiserie Rumpelmayer unter den Kolonnaden, die unwiderstehliche Köstlichkeiten wie farbige Macarons samt leckeren Cremeschichten im Angebot hat. Die süßen Versuchungen mit einer Tasse Kaffee oder Tee unter dem grünen Blätterdach von Kastanienbäumen genießen – das ist pures Glück!

Dieser süße Lifestyle schwebte schon dem späteren österreichischen Hofzuckerbäcker Anton Rumpelmayer aus Preßburg (heute Bratislava) vor, der mit seinen Kreationen wie handgefertigten Schoko-Trüffelpralinen in den Filialen in Dresden, Frankfurt am Main und Baden-Baden begeisterte Anhänger fand. Der erfolgreiche Confiserie-Chef schaffte es gemeinsam mit seinem Team sogar, auch die Côte d'Azur mit seinen Köstlichkeiten zu erobern. Als Antoine Rumpelmayer arbeitete er mit Viktor Sylvain Perrimond zusammen, mit dem er später das gemeinsame Unternehmen gründete und Filialen in Menton, Cannes, Nizza und in der Savoyen-Stadt Aix-les-Bains eröffnete. Dort soll auch die österreichische Kaiserin Sissi zu Gast gewesen sein, was wohl den Ausschlag gab, dass sich Rumpelmayer in Wien erfolgreich um den Titel als „Hofzuckerbäcker" bewarb. Ein anderes Café ist das 1903 von Rumpelmayer gegründete „Angelina" in Paris, das der Feinbäcker nach seiner Schwiegertochter benannte und das bis heute als das mondänste Café an der Seine gilt.

Doch nicht nur Paris hat seinen Rumpelmayer, sondern bereits seit 1887 auch die Bäderstadt. Es knüpft mit der Confiserie an die Belle Époque mit ihrem historischen Ambiente und nostalgischen Charme an. Beliebt sind hier die Roulettekugeln in Anlehnung an das Spielcasino. Denn wer alles vergeigt, dem bleibt eigentlich nur noch die Kugel à la Rumpelmayer. Die weißen Trüffel-Kugeln werden stilecht in runden Schachteln mit dem Abbild eines Rouletterades verkauft. Als eine weitere Hausspezialität stehen die Baden-Badener Kurgartenkastanien bei den internationalen Gästen hoch im Kurs.

TIPP

Doppelt genießen und eine Veranstaltung in der nahen Jugendstil-Konzertmuschel besuchen.

● Confiserie Rumpelmayer, Kaiserallee 1 a, 76530 Baden-Baden, Tel. (0 72 21) 2 39 89
www.chocolatier.de/kh_rumpelmayer.php
● ÖPNV: Bus 201, 204, 205, 206, 207, 214, 216, 218, 243, 244, Haltestelle Leopoldsplatz

Kinder-Musik-Welt

Das TOCCARION im Festspielhaus

Einmal im Leben über die Tasten eines Klaviers hüpfen? Das schier Unmögliche wird wahr in der einzigartigen Kinder-Musik-Welt TOCCARION. Der Gedanke, den die Sigmund-Kiener-Stiftung hier verwirklicht hat, zielt auf die musikalische Förderung der Jüngsten: spielerisch Töne und Klangwelten entdecken, Musikinstrumente nach Herzenslust ausprobieren, ein virtuelles Orchester dirigieren und der menschlichen Stimme auf die Spur kommen.

Dass diese Idee ankommt, belegen die bisherigen etwa 70.000 Besucher, die hier Glücksmomente erleben: faszinierende Instrumente kennenlernen, unterschiedlich erfahrbare Töne und Kompositionen auf sich wirken lassen und selbst aktiv werden. Beispielsweise beim „Walking Piano" – einer begehbaren, überdimensionalen Tastatur, die NASA-Ingenieur Remo Saraceni geschaffen hat. Der Clou: Auf der Klaviatur kann mit dem ganzen Körper getanzt werden. Es ist eine Freude, so viele wimmelnde Beine auf den Tasten zu sehen, die statt des gewohnten filigranen Fingerspiels mit Spagat-Tastensprüngen zu echten sportlichen Leistungen herausfordern. Doch auch Erwachsene fasziniert die Musikwelt: Schock-Rocker Alice Cooper wählte die Kinderharfe als das zarteste Instrument aus, um ihr ein paar Klänge zu entlocken. Für den Baden-Badener Entertainer Marc Marshall war es ein Muss, mit Kindern etwa ein jazziges „Hänschen klein" zu intonieren. Spaßig ging es zu, als der mexikanisch-französische Opernsänger Rolando Villazón mithilfe von Walburga Maria und Sigmund Kiener die 2 Meter lange Riesenblockflöte testete. Bleibt noch der Name TOCCARION. Er wurde von Manfred Gotta erfunden, der dann die Kinder zwischen mehreren Varianten entscheiden ließ. Die Wahl fiel sicher auch deshalb auf TOCCARION, weil begrifflich darin ein frei gespieltes Musikstück („toccata"), aber auch das Berühren, Betasten und Anfühlen („toccare") mitschwingen. Und genau das löst bei Kindern an den musikalischen Stationen so manchen Aha-Effekt aus.

TIPP

Die grüne Hector-Berlioz-Anlage lockt nicht weit entfernt mit Teich, Springbrunnen und Spielplatz.

● TOCCARION, Beim Alten Bahnhof 2, 76530 Baden-Baden, Tel. (0 72 21) 3 01 31 85
www.toccarion.de
● ÖPNV: Bus 201, 205, 206, 207, 216, 218, 243, 244, Haltestelle Festspielhaus

Das Tor zum Schwarzwald

52 Einkehren und entspannen in der Geroldsauer Mühle

Im Geroldsauer Heimatlied wird ihr Standort so beschrieben: „Wo rauschender Wald das Tal umsäumt, der Grobbach hurtig der Oos zu eilt." Von Mischwäldern umgeben setzt die Geroldsauer Mühle hier bedeutsame Akzente: Das „Tor zum Schwarzwald" ist derzeit das größte Weißtannengebäude Europas. Für den Bau wurden die Bäume nach dem Mondkalender geschlagen und daraus immerhin 12 laufende Kilometer Balken verarbeitet. Weitere einheimische Hölzer wie Fichten und Eichen bringen warme Töne in das urige Wirtshaus, das traditionelle Jagdzimmer und den Event-Raum im Rehgarten. Nachhaltigkeit war ein wichtiger Faktor beim Bau – verwoben mit traditioneller und moderner Architektur. Dieser Aspekt mag einer der Gründe sein, dass sich hier alle gleichermaßen wohlfühlen: Wanderer und Familien, aber auch Tagungsteilnehmer.

TIPP

Kutschfahrt rund um den Baden-Badener Ortsteil Geroldsau.

Mit der behutsamen Umsetzung erreichte das Baden-Badener Familienunternehmen Weingärtner, dass aus der gut 200 Jahre alten Kornmühlen-Tradition ein gastronomischer und urgemütlicher Komplex mit unterschiedlichen Bereichen entstanden ist. So können in der Sommerfrische des Biergartens gleich 300 Plätze belegt werden, während die Kinder sich an Spielgeräten austoben können. Als kulinarische Köstlichkeiten werden beispielsweise Saftgulasch vom Schwarzwälder Weiderind mit Gemüse und Spätzle serviert – alles regionale Produkte. Und aus der süßen Werkstatt ist Schwarzwälder Kirsch „Mühlen Style" mit Kirschen, Schokoladeneis & Kirschwassersahne angesagt. Wer's etwas spritziger angehen lassen möchte, dem wird etwa zur kultigen Küchenparty ein Champagner aus der weltberühmten Kellerei „Veuve Clicquot" ausgeschenkt, von dem schon Wilhelm Busch schwärmte: „Wie lieb und luftig perlt die Blase / Der Witwe Klicko in dem Glase!" Und wer auch zu Hause noch genießen möchte, der shoppt gemütlich im Mühlenmarkt: Kaffee als Muntermacher, leckeren Kuchen, ofenfrisches Brot und glutroten Wein. Ein naturnahes Erlebnis bietet das Gästehaus mit Terrasse und Pferdekoppel-Blick.

● Geroldsauer Mühle, Geroldsauer Straße 54, 76534 Baden-Baden,
Tel. (0 72 21) 9 96 46 80, www.geroldsauermuehle.de
● ÖPNV: Bus 204, X45, Haltestelle Geroldsauer Mühle

Äpfel, Brot und Rinder

53 Blütenmeer im Obstgut Leisberg

Es sind wahrlich schöne Anblicke, wenn im Frühjahr der Wegesrand und die Wiesen in ein weißes Blütenmeer verwandelt sind und im Herbst rot-knackige Äpfel geerntet werden können. Gleich um die 300 Obstbäume sind es, die auf dem Obstgut Leisberg um die Gunst von Wanderern und Verkostern buhlen. Entstanden ist dieses Stück Streuobstwiesen-Kulturlandschaft in einem Projekt, das die Stadt gemeinsam mit der Bürgergemeinschaft Unterbeuern umgesetzt hat.

Was vorher eher ungeordnet und brach zwischen den ehemaligen Klosterwiesen der Lichtentaler Allee und dem Panoramaweg in der grünen Landschaft vor sich hin dümpelte, ist mittlerweile zum echten Natur-Highlight geworden. Wer möchte, kann sich beispielsweise an einer Baumpatenschaft beteiligen. Sehr beliebt ist inzwischen auch eine historische Obstscheune aus den 1930er-Jahren als Mittelpunkt für fröhliche Feste.

TIPP

Spaziergang auf dem serpentinenartigen Weg der städtischen Grünanlage am Leisberg.

Los geht es im Jahresreigen mit dem Winteraustreiben am Lagerfeuer mit Stockbrot, heißer Suppe und wärmenden Getränken. Beim Apfelblütenfest im April sind der Braten aus dem Smoker ebenso wie Kulinarisches für Vegetarier und Veganer angesagt. Gut angenommen wird auch das Bürgerbackhaus, in dem von März bis November einmal im Monat selbst gebackener Kuchen und Schwarzwälder Holzofenbrot angeboten werden. Zudem kann jede und jeder nachmittags mitgebrachten Teig selbst zum duftenden krustigen Laib backen. Ein weiterer Höhepunkt im Jahr ist das Herbstfest mit kulinarischen Leckereien, selbst gebackenem Kuchen und frisch gepresstem Apfelsaft. Zudem werden fruchtige Genüsse rund um Kirschen, Mirabellen und Renekloden angeboten. Das Schöne an diesen Aktivitäten ist, dass der Erlös im Obstgut Leisberg ausschließlich gemeinnützigen Zwecken – etwa Pflege und Erhalt der Streuobstwiese – zugutekommt.

Inzwischen sind auch die schottischen Rinder von Geroldsau zum Hingucker geworden: Sie beweiden nämlich die Wiesen zwischen den Obstbäumen.

● Obstgut Leisberg, Unterbeuern, 76534 Baden-Baden
www.unterbeuern.de
● ÖPNV: Bus 201, 204, Haltestelle Aubrücke

Der „Blaue Salon"

54 Das Sommerhaus von Johannes Brahms

Es ist ein kleiner felsiger Hügel im Stadtteil Lichtental. Auf diesem Naturgebilde steht ein ganz in Weiß gehaltenes und mit Schindeln gedecktes, hübsches Haus, das eine gewisse Stille ausstrahlt. Dies war der Ort, den sich Johannes Brahms (1833–1897) für das Komponieren ausgesucht hatte. In einem Brief an den Karlsruher Hofkapellmeister Otto Dessoff kommt dieser wunderbare Rückzugsort zur Sprache, wo er „manche glückliche Stunde" verlebt und „manche hübsche Noten geschrieben" habe. Immerhin war das „Brahmshaus" ein Jahrzehnt lang – von 1865 bis 1874 – das Sommerdomizil des großen Musikers. Hier vollendete er auch seine 2. Sinfonie, die heute noch als Lichtentaler Sinfonie bekannt ist. Heute ist dieses Musikerhaus mitsamt dem völlig unveränderten „Blauen Salon" – dem ehemaligen Wohnzimmer des großen Komponisten – als Museum zu besichtigen.

TIPP

Im „Goldenen Löwen" kehrte Brahms gern ein; ein Stammtisch und Fotos erinnern an den berühmten Gast.

Um in das Museum in den oberen Räumen zu gelangen, zieht der Besucher einfach an einem flexiblen Stück Draht neben der Tür, das der Museumsführerin signalisiert, dass Gäste um Einlass bitten. Über eine schmale Holztreppe führt der Weg nach oben in Brahms' Gemächer, wo die Führerin den feinen Unterschied zum großen österreichischen Komponisten hervorhebt: Brahms sei kein Mozart gewesen. Deshalb habe es bei ihm eine geraume Zeit gedauert, bis eine Komposition erstellt war. Erstaunen lässt die Information, dass Brahms sich für sein Klavierspiel immer wieder kleine Instrumente auslieh. Der Grund: die schmale Treppe, auf der man nie ein normales Klavier hätte hinauftragen können. Die einzelnen Stücke, das Mobiliar, die Schlafstätte, ja selbst der Boden sind noch genauso wie zu Brahms' Zeiten – als sei der Komponist nur gerade mal kurz außer Haus. Auf die Besucher des 21. Jahrhunderts wirkt das alles wie ein Zeitensprung, wenn sie auf diese Art ein Stück Haus- und Musikgeschichte erleben können.

....

● Brahmshaus, Maximilianstraße 85, 76534 Baden-Baden, Tel. (0 72 21) 9 98 72
www.brahms-baden-baden.de
● ÖPNV: Bus 201, 204, Haltestelle Brahmsplatz

Zottig und gackernd

55 ## Zu Gast beim Biohof Baumann

Gibt es das: ein Wiesen- und Weideglück? Und ob. Draußen rund um die Farm beim Malschbächel von Geroldsau. Farm bedeutet hier: der Biohof von Christine und Axel Baumann, die sich mit großem Erfolg der Züchtung von schottischen Hochlandrindern verschrieben haben. Gleich 110 dieser kleinwüchsigen keltischen Ochsen – auch als Highland-Cattle bezeichnet – leben hier in freier Natur. Sie fühlen sich wohl, was auch bestimmt mit der Fellpflege von Christine Baumann zu tun hat. Dazu braucht sie nur einmal zu pfeifen, und schon kommen die zahmen Tiere angetrottet.

Die gutmütigen, robusten und genügsamen Tiere, deren zottiges Fell fast ihre Augen bedeckt, sind inzwischen auf den Streuobstwiesen am Leisberg genauso beliebt wie in den Wiesentälern des Oos- und Grobbachtals. Als Landschaftspfleger des ökologisch zertifizierten Betriebes halten sie die grünen Flächen frei von Wildwuchs. Die Züchter erzählen, dass die Kühe dieser 150 Jahre alten Haustierrasse ihre Kälber ohne Geburtshilfe zur Welt bringen. Das ganze Jahr über kann man dieser Tierrasse zusehen, staunen ob ihrer gelassenen Art und sich diese zu eigen machen – einfach mal einen Gang runterschalten.

TIPP

Das zertifizierte Biofleisch und die Bioeier werden im Mühlenmarkt der Geroldsauer Mühle angeboten.

Völlig im Einklang mit der Natur und den Tieren lebend, haben die Baumanns auch ein Herz für ihre 320 Biohühner. Heimisch und wohl fühlt sich das Federvieh in zwei Hühnermobilen, mit denen die Hennen und Hähne alle 14 Tage an einen anderen Standort gefahren werden, um sich am frischen Gras zu freuen. Da geht einem das Herz auf, wenn man beobachtet, wie die gackernden Gesellen genussvoll herumrennen, picken und scharren, sich im Sand wälzen oder manchmal auch richtig sonnenbaden. Das Ergebnis: tagesfrische Biogenießereier.

Einmal jährlich im August macht der Hof die Besucher noch glücklicher, wenn ein Brunch stattfindet. Darüber hinaus können Kinder die zottigen Rinder bürsten und die Hühner auf den Arm nehmen – inklusive guter Laune, die an diesem Fleckchen zu verspüren ist.

● Biohof Baumann, Geroldsauer Straße 184, 76534 Baden-Baden, Tel. (0 72 21) 9 98 74
www.schottische-hochlandrinder.de
● ÖPNV: Bus 204, X45, Haltestelle Malschbacher Straße

Wildromantischer Canyon

56

Die Wolfsschlucht

Die Szenerie ist romantisch bei Sonnenschein – aber bei Nebel, Wolken und Regen wirkt sie düster und gespenstisch. So jedenfalls wird die „Wolfsschlucht" in Carl Maria von Webers Oper „Freischütz" dargestellt. Und genau um eine solche urwüchsige, canyonartige Landschaft handelt es sich bei der Wolfsschlucht nahe dem Ortsteil Ebersteinburg. Zwar ist sie nur einige Hundert Meter lang, aber dafür bietet sie nahezu alles, was wohligen Grusel hervorruft und Urgewalten sichtbar macht. Da ist zum einen das Gebilde aus unterschiedlichen Gesteinsarten, aus denen sich imposante Felsen herausgebildet haben. Zum anderen fließt mitten hindurch ein Bach, der bei anhaltendem Regen zum kleinen reißenden Strom, inklusive Wasserfall, werden kann. Schmale Stege führen hinüber.

TIPP

Unweit des Eingangs zur Wolfsschlucht liegt das Hotel Café Wolfsschlucht mit Gartenterrasse.

Auf einer Tafel erfährt der Wanderer auch von der Sage, die sich um die Wolfsschlucht rankt: Danach stürzte einst ein betrunkener Geiger auf seinem nächtlichen Heimweg in die Schlucht, wo etwas Weiches seinen Fall abfederte: ein Wolf. Bis zum Morgengrauen musste er diesen mit seinem Geigenspiel besänftigen. Erst der vorbeikommende Oberjäger befreite den Geiger aus seiner misslichen Lage, indem er das Tier mit einem Schuss zwischen die Augen tötete.

Zurück zum „Freischütz". Die Annalen belegen, dass sich der Komponist im Jahr 1810 in Baden-Baden aufgehalten hat und bei seinen Ausflügen auch den Zauber der Wolfsschlucht erlebte. Mit hoher Wahrscheinlichkeit diente diese Szenerie ihm als Inspirationsquelle für seine 1821 uraufgeführte Oper. Als gesichert gilt auf jeden Fall, dass sich die 1903 gegründete „Badische Herrengesellschaft Wolfsschlucht" bei der Namensgebung zunächst nicht auf „Salamander" einigen konnte und seither den kleinen badischen Canyon im Namenszug führt.

● Wolfsschlucht, Rotenbachtalstraße, 76530 Ebersteinburg
● ÖPNV: Bus 214, 244, Haltestelle Wolfsschlucht

Bienenglück

57

Bester Honig vom Grobbachhof

Es ist ein idyllisches Tal, das sich hinter Geroldsau ausdehnt und von Wiesen und Wäldern gesäumt wird. Die Wanderer haben es mit den Picknickplätzen und Verweilpunkten schon lange für sich als Glücksort entdeckt. Dazu passen auch die Grobbachhöfe, die auf der Wegstrecke unterhalb der Schwarzwaldhochstraße liegen. Die Bewohner erzählen, dass es in dieser Abgeschiedenheit sogar bis Mitte der 1960er-Jahre noch keinen Stromanschluss gegeben hat. Und doch haben die Menschen in den Gehöften ihr Leben immer gemeistert.

Einer von ihnen ist Jürgen Wunsch, der im Nebenerwerb eine Imkerei betreibt und so allerhand über seine fleißigen zehn Bienenvölker erzählen kann, die den erstklassigen Waldhonig à la Grobbachhof produzieren. Die Naturarbeiterinnen sammeln den kostbaren Nektar von Wiesen-

TIPP

Wanderung zu den nahen Oberen Grobbach-Wasserfällen auf dem Weg zur Waldschänke Schwanenwasen.

kräutern und Tannen und bringen ihn in die Bienenstöcke. Heraus kommt eine hervorragende Sommertracht, die je nach Blüte und klimatischen Verhältnissen einen süßen Genuss schafft, der nach Gänseblümchen, Himbeere oder Brombeere schmeckt. Einzigartig ist der kräftige Geschmack, der von Tannen, dem Bergahorn und auch von den Brombeerhecken herrührt. Kunden aus der Region und aus ganz Europa genießen den Honig und den Met und erfreuen sich an den Bienenwachskerzen.

Der Herr über etwa 500.000 Bienen ist Mitglied im Kreisimkerverein Baden-Baden und wacht aufmerksam über das Wohl seiner Honigmacherinnen. Einfach sei das nicht, sagt der Imker. Denn klimabedingte Veränderungen können einiges durcheinanderwirbeln, ebenso dass es die eine oder andere Wiesenblume nicht mehr gibt. Und auch Milben sind eine Gefahr: Bis zu 40 Prozent Verlust können sie der Aufzucht bringen. Als Gegenmittel setzt Imker Wunsch voll auf natürliche Ameisensäure. Insofern sei das Leben mit „Stadtbienen" stets spannend. „Da richte ich mich immer wieder aufs Neue aus, je nach Laune der Natur", so der Imker. Ein großes Lob erfährt er von Wanderern, wenn diese ihn grüßen und sagen: „Jetzt wissen wir, woher der gute Honig kommt."

....

● Grobbachhof, Grobbachhof 1, 76534 Baden-Baden (Geroldsau), Tel. (0 72 21) 7 34 68
www.grobbachhof.de
● ÖPNV: Bus X45, Haltestelle Schwanenwasen

Zwischen Himmel und Hölle

58

Engelskanzel und Teufelskanzel

Wer eine Predigt halten will, muss nicht unbedingt auf einer Kirchen-kanzel stehen – manchmal reicht auch ein Felsen im Wald. Gleich zwei solcher ungewöhnlichen Naturkanzeln finden sich bei Eberstein-burg: die Engels- und die Teufelskanzel. Der Weg zum legendenum-wobenen Felsen Engelskanzel führt an sich nach oben reckenden Fels-nadeln vorbei, ehe ein nicht zu übersehendes Steinkreuz und Bänke den ersten Halt markieren. Dieses Kreuz ließ Großherzogin Luise, Tochter von Kaiser Wilhelm I., zum Dank für die Genesung ihres Ehe-manns Großherzog Friedrich I. aufstellen.

Um zur Teufelskanzel zu gelangen, muss man die Rotenbachtalstraße überqueren und einen kurzen Fußweg durch ein Wäldchen bis zu ei-nem Felsplateau zurücklegen, wo Bänke stehen. Ein großer Gedenkstein

TIPP

Unweit der Kanzeln: Hotel Merkurwald und Restaurant Wolpertinger zum Einkehren und Übernachten.

wurde hier von der Stadt für Kaiser Wilhelm I. aufgestellt. Die Stadtoberen wollten damit ihren Dank ausdrücken für die vielen Kuraufenthalte, die der Kaiser hier verbrachte. Sein letzter Be-such auf der Teufelskanzel war laut Inschrift am 30. September 1886.

Betrachtet man nur die Luftlinie, stehen sich Engels- und Teu-felskanzel gerade mal gut 100 Meter voneinander entfernt ge-genüber. Der Legende nach wählte in grauer Vorzeit der Teufel das große Felsenplateau aus, um von hier als Prediger die Zuhörer in seinen Bann zu ziehen. Doch als Luzifer meinte, gegen den Himmel gesiegt zu haben, stand plötzlich auf der gegenüberliegenden Seite ein Engel im strahlend weißen Gewand mit einer Palme in der Hand und hielt eine Predigt mit solch erbaulichen und reinen Worten, dass der Teufel nicht mithalten konnte. Nur wenige in der Menge sollen dem-nach dem Satan treu geblieben sein. Um seinen Erfolg gebracht, fuhr dieser geradewegs wieder in die Hölle. In der Trinkhalle beim Kurhaus ist diese Geschichte als Wandgemälde trefflich festgehalten.

Doch auch ungeachtet der Legende sind die beiden Felskanzeln schöne Verweilpunkte, an denen sich sogar philosophieren lässt, welche Kanzel die schönere Aussicht auf den Stadtwald bietet.

● Engelskanzel und Teufelskanzel, Ebersteinburg, Parkplatz Wolfsschlucht, Rotenbachtalstraße, 76530 Baden-Baden
● ÖPNV: Bus 214, 244, Haltestelle Wolfsschlucht

Ein Schloss im Rebenmeer

59

Bocksbeutel-Wein in der Reblandgemeinde Neuweier

Eine gute Verbindung: ein Meer aus Reben und ein Schloss. Genau mit diesem in Grün gebetteten Ensemble präsentiert sich die Rebland-gemeinde Neuweier, deren Weine an den Steillagen „Mauerberg" und „Schloßberg" seit dem Mittelalter gedeihen. Besonders die Riesling-Sorten sind national wie international gefragt.

Schon am Ortseingang fällt das gleichermaßen malerische wie impo-sante Schloss mit seinen markanten Türmchen auf. Erbaut wurde es bereits im 12. Jahrhundert als Wasserburg am Fuße des Mauerbergs von Neuweier. Glückliche Umstände führten dazu, dass diesem soge-nannten „Unteren Schloss" das Schicksal des „Oberen Schlosses" – wegen Baufälligkeit wurde es in den 1780er-Jahren komplett abgetragen – erspart blieb. Im Rittergut wurde der Weinbau von den Schlossherren jahrhundertelang fortgeführt, bevor 1869 die Baden-Badener Familie August Rößler in den Besitz des Schlosses kam und seine Weingüter mit der Lage Mauerberg berühmt machte. Heute werden die edelsten Tropfen in Bocksbeutelflaschen ab-gefüllt, ein Privileg, das die Schlossbesitzer im 18. Jahrhundert von rheinhessischen Winzern erhalten haben – allen voran der Adlige Knebel von Katzenelnbogen, der den Bocksbeutel nach Neuweier brachte. Doch wie das so ist mit besonderem Design – ein Zwist mit den Urhebern im Frankenland schien in den 80er-Jah-ren des letzten Jahrhunderts unausweichlich und wurde sogar bis vor dem Bundesgerichtshof in Karlsruhe ausgetragen. Dort konnten die Rebland-Winzer dann ihre lange Bocksbeuteltradition nachweisen. Anschließend wurde das Bocksbeutelrecht für Baden-Baden sogar ge-setzlich verbrieft, allerdings beschränkt auf die Weinstadtteile Neuweier, Steinbach-Umweg und Varnhalt.

Gleich mehrsprachig werden heute unter dem Winzerteam der Familie Schätzle Weinproben im Schlossambiente samt Reben- und Keller-führung und Verköstigung angeboten. Was so eine Verkostung be-sonders reizvoll macht: Nach angeheitertem Genuss lässt es sich in „Schätzle's Weinhotel" direkt vor Ort angenehm nächtigen.

TIPP

Bei schönem Wetter werden Gerichte auf der Schlossterrasse mit Weinbergblick serviert.

● Schloss Neuweier, Mauerbergstraße 21, 76534 Baden-Baden, Tel. (0 72 23) 9 66 70
www.schloss-neuweier.de
● ÖPNV: Bus 216, 261, Haltestelle Neuweier Winzergenossenschaft

Bummeln mit Flair

60

Mode und Accessoires in den Kolonnaden

Bummeln oder shoppen – ganz gleich, wie man es nennt, in Baden-Badens Kurhaus-Kolonnaden lassen Geschäfte mit einem vielfältigen Sortiment hochwertiger Luxusmarken das Schaufenstergucken und Einkaufen zu einem besonderen Erlebnis werden. Das war schon in den frühen Zeiten des Kurhauses so. Dabei sind die Kolonnaden im klassischen Sinne gar keine: Denn „Colonnade" bezeichnet eher eine Passage. Dennoch hat sich die Bezeichnung bis heute erhalten. Die kleinen, schmucken Lädchen der Kolonnaden – die zu Beginn alle aus Holz bestanden – erinnern an die Belle Époque, jene Zeit, als es noch ein Luxus war, die berühmte Bäderstadt Baden-Baden besuchen zu dürfen. Sie wurden in den Jahren 1867/68 nach dem Vorbild der damaligen Pariser Geschäftspassagen erbaut und bildeten fortan das einladende Tor zwischen Kurhaus und Stadt. Als besonders geschäftstüchtiger Ladenbesitzer erwies sich der ungarische Kolonnaden-Händler Louis Katzau: Dieser soll seine Ladenhüter immer wieder als „soeben eingetroffene Ware" angeboten haben. Aus den hölzernen Buden wurde eine kleine, feine Shopping-Mall mit Boutiquen. Unverwechselbar ist neben den repräsentativen Ladengeschäften mit ihren großflächigen Schaufenstern auch das Umfeld: regensichere Überdachungen samt stilgerechter Beleuchtung, dazu Schatten spendende Kastanienbäume, die ein Einkaufen im Sommer angenehmer machen. Und so werden vor dem Kurhaus Mode, Accessoires und mehr im zeitlos eleganten Stil angeboten: Von Seidentüchern des bekannten Pariser Modelabels Leonard, eleganten Pumps von Charles Jourdan, exklusiven Krawatten von Versace und Missoni, Luxusuhren von Chopard, edlem Schmuck aus reinem Sterling Silber, handgefertigtem Meissner Porzellan, eleganten, ausgefallenen Damenschuhen mit passenden Taschen bis hin zu feiner Kost, etwa von der Confiserie Rumpelmayer, gibt es hier alles zu kaufen.

TIPP

Die Tourist-Information in den Kurhaus-Kolonnaden berät über die Ladengeschäfte.

● Kurhaus-Kolonnaden, Kaiserallee 3, 76530 Baden-Baden
www.kurhaus-kolonnaden.de
● ÖPNV: Bus 201, 204, 205, 206, 207, 214, 216, 218, 243, 244, Haltestelle Leopoldsplatz

Tratsch und Klatsch

61   Geschichten und Stadtführungen zu Glücksorten

Wer Tratsch und Klatsch mit Geschichten verbinden möchte, die sich so tatsächlich zugetragen haben, der sollte sich auf eine Stadtführung begeben. Dabei erfährt man bezaubernde Anekdoten über Glücksorte wie das Kurhaus, wo alljährlich die ZDF-Gala „Sportler des Jahres" aufgezeichnet wird. Oder man befindet sich plötzlich mitten in den Film-Locations des Kurgartens mit seinem kleinen lauschigen Pavillon und den Kolonnaden, wo Szenen für „Aenne Burda" und den „Tatort" entstanden. Die Baden-Baden Kur & Tourismus bietet Stadtführungen an, bei denen man die Momente, die die Stadt prägen, genauso kennenlernt wie die russische Geschichte oder die einzigartigen Parks und Gärten. Auch Auszüge aus dem „Goldenen Buch" der Stadt werden präsentiert, etwa der Eintrag von „Panik-Rocker" Udo Lindenberg: „Muss schon sagen, Udo dem Panik-Barden gefällt's extrem gut bei Euch in Baden-Baden."

TIPP

Eine Führung streift das dem Mittelalter nachempfundene Schloss Solms auf dem Friesenberg.

Spannend sind die Eventführungen „Geister, Grafen und Gerüchte" mit Schauspieler Max Ruhbaum, der in die Gerüchteküche hinabtaucht und etwa über Grabräuber in der Stourdza-Kapelle berichtet oder davon, dass Kaiserin Sissi einen Verkäufer der Kurhaus-Kolonnaden mit den Worten begrüßt haben soll: „Ich habe gehört, Sie haben einen Elefantenfuß?!" Eher cool geht es beim „Geflüster auf dem roten Teppich" zu, bei dem man erfährt, dass Ex-US-Präsident Bill Clinton das doppelte Wort Baden im Bädernamen so erklärt haben soll: „Baden-Baden is so nice that you have to name it twice." – „Baden-Baden ist so schön, dass man es zweimal nennen muss." Um anekdotische Kostbarkeiten der Belle Époque geht es bei der Führung „Künstler, Kur & Kurtisanen" entlang der Lichtentaler Allee, durch die Graf Wladimir Menschikov im 19. Jahrhundert mit seiner Schimmeltroika mit überhöhter Geschwindigkeit hindurchdonnerte. Weil er davon nicht lassen konnte, soll er bei der Polizei gleich für das ganze Jahr Strafe gezahlt haben. Alle Führungen können von Gruppen, Geschäftsreisenden und Einzelpersonen gebucht werden, ebenso Kutschen-, City-Bahnfahrten und Segway-Touren.

● Baden-Baden Kur & Tourismus GmbH, Solmsstraße 1, 76530 Baden-Baden, Tel. (0 72 21) 27 52 33, www.baden-baden.com/fuehrungen
● ÖPNV: Bus 201, 204, 205, 206, 207, 214, 216, 218, 243, 244, Haltestelle Leopoldsplatz

Heilende Entdeckung

62 Die Empire-Hofapotheke

Es ist, als sei man aus der Zeit gefallen. So jedenfalls fühlt man sich beim Betreten von Dr. Rössler's Hofapotheke: Regale und Schränke aus Mahagoni mit vergoldeten Beschlägen, aufwendig gearbeitete Wand- und Deckendekorationen mit Stuck, Blätter- und Schleifenreliefs sowie Motiven der römischen und griechischen Mythologie und in der Mitte eine prunkvolle Uhr mit aufgesetztem badischem Wappen. Dazu Vorratsgefäße aus französischem Porzellan mit dem goldenen napoleonischen Adler und Gefäße aus geschliffenem Kristallglas. Darüber hat sich Schriftsteller Reinhold Schneider in seinem Buch „Der Balkon" folgendermaßen geäußert: „Die vielen hundert sauber aufgereihten blinkenden Salbentöpfe und Flacons tragen den Adler des Imperators …" Trefflich beschreibt er so die Empire-Stilepoche mit ihren Idealen des Klassizismus.

TIPP

Medizin anderer Art – spanische Kulinarik – bietet nicht weit weg die Tapas-Bar Monte Christo.

Der einstige Inhaber Oskar Rössler, auf den die Apotheke zurückgeht, war nicht nur „Großherzoglich Badischer, Königlich Preußischer und Kaiserlich Russischer Hofapotheker", sondern auch promovierter Chemiker. Gemeinsam mit dem Physiker Hans Friedrich Geitel entdeckte er 1904 im Schlamm des Thermalwassers eine heilende radioaktive Substanz. Zusätzlich tüftelte Rössler an Salben zur Wundbehandlung und „erfand" die „Schwarzwald-Touristen-Salbe", die „ein vorzügliches Heilmittel für Mensch und Tier (Geschirr- und Satteldruck)" sei.

Heute präsentiert sich die Apotheke mit dem noblen Interieur von 1838 als moderner Arzneimittelverkauf mit Tinkturen- und Salbenherstellung. Zum Kundenstamm zählen viele russische Mitbürger. Vielleicht liegt es daran, dass im 19. Jahrhundert schon Großfürst Michail Nikolaeevich und Tatijana Gagarina im „Rezeptbuch der ständigen Kunden" standen und zufrieden die Apotheke verließen. Vom Fürsten Menchikov ist überliefert, dass er die für seine Troika-Pferde gedachten Pillen zeitweise versilbert bestellte. Und Prinzessin Gagarina ließ große Mengen an „Gagarina-Salbe" herstellen, die sie an Freunde, Bekannte und die Armen der Stadt verschenkte.

● Dr. Rössler's Hofapotheke, Sophienstraße 7, 76530 Baden-Baden, Tel. (0 72 21) 3 03 50, www.apotheke-badenbaden.de
● ÖPNV: Bus 201, 204, 205, 206, 207, 214, 216, 218, 243, 244, Haltestelle Leopoldsplatz

Klangvoller Genuss

 63 Die phänomenale Akustik des Festspielhauses

Altes mit Neuem verbinden, ohne monströs zu wirken, das war der Spagat, den Architekt Wilhelm Holzbauer beim Projekt Festspielhaus Baden-Baden bewältigen musste. Genauer gesagt: den riesigen Komplex mit dem neoklassizistischen Alten Bahnhof und seiner Fassade zu einem harmonischen Gesamtbild zusammenzufügen. Was herauskam, überzeugt: Entstanden ist kein „Kulturklotz" oder protziges Gebäude, sondern ein bestechend schönes, in schlichter Anmut konzipiertes Opern- und Konzerthaus für 2500 Besucher – nach Sitzplätzen gemessen das größte in Deutschland.

Ein weiterer Pluspunkt ist die phänomenale Akustik des Saals, die ihresgleichen sucht. Jedes einzelne Instrument im Orchestergraben, jeder auf der Bühne gesungene Ton ist auf jedem Platz gleich gut zu hören – und zwar ohne elektronische Verstärkung und mit einem physikalischen „Bestwert" von rund 1,7 Sekunden Nachhall.

TIPP

Das nahe Hotel Roomers bietet Dachterrasse, Pool und Bar mit Blick auf Schwarzwald und Festspielhaus.

Es gibt kaum eine europäische Stadt dieser Größe, in der sich so viele Musikerinnen und Musiker unterschiedlicher Stile und Epochen wohlgefühlt haben. Die facettenreiche Musikgeschichte der Bäderstadt spiegelt sich auch in der Vielfalt des Festspielhausprogramms wider: Es steht für Opern-Eigenproduktionen, ausgewählte internationale Gastspiele und vor allem einmalige Künstlerkonstellationen zu Festspielzeiten.

Beliebt sind bei den Besuchern aber auch die Aufführungspausen während der Sommermonate. Denn da geht es hoch auf die Terrassen zum Flanieren mit Blick auf das historische Baden-Baden und den Schwarzwald – Aufatmen für Körper und Seele.

Und wer will, kann sogar einmal hinter die Kulissen schauen und Theaterluft schnuppern – die unterschiedlichen Themenführungen des Hauses machen es möglich. Kompetente Guides führen dorthin, wo sonst nur die Stars zum Auftritt schreiten. Die Bühne betreten, sich im Orchestergraben umschauen und die komplexen Abläufe in der Technikzentrale kennenlernen: Auch das geht an diesem Sehnsuchtsort der Künste.

● Festspielhaus, Beim Alten Bahnhof 2, 76530 Baden-Baden, Tel. (0 72 21) 3 01 34 27
www.festspielhaus.de
● ÖPNV: Bus 201, 205, 206, 207, 216, 218, 243, 244, Haltestelle Festspielhaus

Aufschlag im Grünen

Der Tennis-Club Rot-Weiss Baden-Baden

Tennis spielen unweit eines Flüsschens und ringsherum nur Grün: Das ist schon ein Gefühl der Freude. Da nehmen es Mitglieder wie Gäste der erstklassigen Anlage mit zehn Spielflächen gelassen in Kauf, dass es keine Zuschauertribünen gibt. Dafür kann man beim Tennis-Club Rot-Weiss Baden-Baden hautnah nationale und internationale Stars erleben, etwa bei den International Senior Open. Als größter Tennisclub in der Bäderstadt betreut und fördert er außerdem Kinder und Jugendliche durch einen gut strukturierten Trainingsaufbau und ein qualifiziertes Trainerteam.

Doch der Club steht auch für große Geschichte rund um die kleine Filzkugel: Helden wie Wilhelm Bungert, Björn Borg und Jürgen Faßbender kämpften hier um Spiel, Satz und Sieg. Und mit noch einer Sache kann Rot-Weiss Baden-Baden punkten: Er ist der älteste Tennisclub Deutschlands. Ungewöhnlich dabei: Ausgerechnet ein anglikanischer Geistlicher, Archibald Thomas Starnes White, war sein Gründer und schrieb damit deutsche Sportgeschichte. Der angesehene Geistliche wurde zudem Ehrenpräsident des Clubs und war so vernarrt in diese Sportart, dass er seine deutschen und englischen Chorknaben im Ball- und Schläger-Spiel coachte.

TIPP

Das Club-Ristorante Rosso-Bianco mit Terrasse und Rundumblick bietet mediterrane und bodenständige Küche.

An die Siege und Triumphe des Tennissports erinnern sorgsam ausgewählte Exponate im Untergeschoss des Clubhauses an der kleinen Ruhmeswand „Wall of fame". Was hier an Bildern, Dokumenten und historischen Schlägern präsentiert wird, ist einfach sehenswert. Die Wand zeigt die Sternstunden des weißen Sports, die sich im Club ereignet haben. Auch White ist auf einem Foto mit seinem Tennisschläger zu sehen. Dem Clubgründer wurde anlässlich seines 100. Todestages eine besondere Ehre zuteil: Der anglikanische Bischof Frederick Haas segnete auf dem Ehrenfeld 35 des Hauptfriedhofs sein Grab – samt seinem legendären Tennisschläger.

● Tennis-Club Rot-Weiss Baden-Baden, Lichtentaler Allee 5, 76530 Baden-Baden, Tel. (0 72 21) 2 41 41, http://tc-rw-baden-baden.de
● ÖPNV: Bus 201, 204, Haltestelle Bertholdplatz; Bus 216, Haltestelle Lichtentaler Allee/Museen

Ein Hauch von Italien

65 Wochenmarkt an der Bernhardskirche

Von vielen Stellen des Baden-Badener Panoramaweges sind der markante Turm und die Kuppel von St. Bernhard im Westen der Stadt auszumachen. Wer näher kommt, der findet eine Art Marktplatz vor, der ein wenig an eine italienische Piazza erinnert. Hier pulsiert das Leben, wenn auf dem Wochenmarkt (mittwochs und samstags) südländische Früchte, Blumen, Bergkäse aus Südtirol, regionale Milchprodukte und Bauernbrot angeboten werden. Düfte breiten sich aus, die ein wenig die Fülle des Lebens spüren lassen. Dazu ein Plausch mit Bekannten und Freunden – das macht einfach glücklich und zufrieden.

Was zu den positiven Momenten beiträgt, ist sicher auch die monumentale Ausdehnung der Bernhardskirche direkt am Platz. Sie vereint die ost- und westkirchliche Bautradition miteinander. An die breite Treppenanlage mit den links und rechts flankierenden Säulen mit den Statuen von Petrus und Paulus fügt sich ein Bau im Basilika-ähnlichen Stil mit einer zentralen großen Kuppel und einem wuchtigen, frei stehenden Glockenturm (Campanile) an. Wer innehalten möchte, der entdeckt im Innenraum beim Blick nach oben eine zauberhaft ausgemalte Kuppelschale mit musizierenden Engeln. Doch bis es zur Einweihung im Jahre 1914 kam, hatte es Kirchenarchitekt Johannes Schroth nicht leicht, sich mit seinem neuen Jugendstilbau gegen die Kirchenoberen durchzusetzen. Letztlich schuf er den prächtigen Entwurf, welcher der Baden-Badener Weststadt ihr Gesicht gab. Namensgeber wurde Markgraf Bernhard von Baden – Patron der Erzdiözese Freiburg.

Die Bewohner der Weststadt lieben ihren „Dom", die Piazza und den Markt am Fuße des Balzenberges. Das wurde den Stadtpolitikern rasch klar, als sie vor einigen Jahren versuchten, den lieb gewonnenen Markt zu verlegen. Vehement und erfolgreich setzten sich die Bürger und der Ortsteil-Stadtrat gegen die Verlegung durch. Und so versprüht der beliebte Markt weiterhin den gewissen Charme, der durch die monumentale Kirche und die „italienische Piazza" bereichert wird.

TIPP

Für Familien: Miniaturwelt (Hermannstraße 9) mit Schwarzwaldlandschaften und vielfältigen Themenszenen.

● St. Bernhard, Bernhardusplatz 1, 76530 Baden-Baden
www.kath-baden-baden.de
● ÖPNV: Bus 201, 205, 206, 207, 216, Haltestelle Große Dollenstraße

Die immer blühende Rose

Markante Skulptur in der Lichtentaler Allee

Die Lichtentaler Allee mit ihren Bäumen ist flankiert von herrschaftlichen Villen und Hotels des 19. Jahrhunderts. Eine dieser Villen, die 1867 erbaute Villa Schriever, gehörte dem hochangesehenen Konsul August Schriever. Mittlerweile zählt sie zur Stiftung des Kunstmäzens und Baden-Badener Ehrenbürgers Frieder Burda. Was dieses imposante Gebäude aus dem Rahmen fallen lässt, ist eine straßenlaternenhohe Skulptur auf dem Rasen: eine naturgetreu nachgebildete, aus Stahl und Aluminium gefertigte Rose. Die fest im Boden verankerte, hochgewachsene Blume wirkt auf vorbeiflanierende Betrachter, als wolle sie als Skulptur in Konkurrenz zu den mächtigen Bäumen der Allee treten. Nicht nur der unübersehbare Kunst-Ort ist hervorhebenswert, sondern genauso auch die Entstehung dieser Blume. Die Skulptur entstammt nämlich einer Ausstellung im benachbarten Frieder-Burda-Museum und wurde im Jahr 1993 von der international renommierten Berliner Künstlerin Isa Genzken geschaffen. Wie ein roter Faden zieht sich die stete Auseinandersetzung mit dem öffentlichen Raum durch ihr Werk. Ihre Skulpturen, für die Stahl, Beton, aber auch Textilien, Papier und Industriematerial verwendet werden, weisen einen deutlichen Bezug zu den Bereichen Architektur und Design auf. Die Bauten der Umgebung lässt Genzken auf überraschende Weise in ihre Kunst einfließen und gestaltet Skulpturen mit architektonischen Zügen, die auf Gebäude und Plätze ringsum Bezug nehmen.
Als am 11. September 2001 der Anschlag auf das World Trade Center in New York verübt wurde, war sie vor Ort. Zum Gedenken ließ sie eine 8 Meter große Stahlrose neben dem neuen World Trade Center aufstellen. Immer wieder tauchen diese übergroßen Blumen in ihrem Werk auf: Eine steht vor der Villa Schriever – die immer blühende Rose als Ausdruck der poetischen Seite der Künstlerin.

● Villa Schriever, Lichtentaler Allee 74, 76530 Baden-Baden
● ÖPNV: Bus 201, 204, Haltestelle Bertholdplatz

Wo Markgrafen ruhen

67 Stiftskirche Liebfrauen Baden-Baden

Es sind schöne Eindrücke einer Kirche von den grünen Hängen und Aussichtsterrassen der Stadt aus: Die Stiftskirche Liebfrauen von Baden-Baden prägt das Stadtbild– wie ein Star ziert sie Postkartenansichten und Internetportale. Zwischen Gassen und über Giebeln hebt sich die älteste Kirche der Stadt mit der vergoldeten Petrusfigur auf der Turmspitze hervor. Prägendes Element der seit 987 urkundlich erwähnten Kirche ist ihr 61 Meter hoher Turm, in dem sich Stile unterschiedlicher architektonischer Epochen widerspiegeln.

In vielerlei Sicht ist die Kirche bemerkenswert: von der Baugeschichte bis zu den Grabmälern in ihrem Inneren, die an Meilensteine der badischen Geschichte erinnern. Denn auf relativ kleinem Raum befinden sich hier die Ruhestätten von gleich 14 badischen Markgrafen aus vier Jahrhunderten. Was die Besucher immer wieder erstaunt, ist die Stilkunst des Niederländers Niclas Gerhaert van Leyden. Als wahrer Meister hat er es nämlich geschafft, im Jahre 1467 das sehenswerte Kruzifix aus einem einzigen Stein zu meißeln. Allein schon der waghalsige und spektakuläre Transport dieses imposanten, 6,47 Meter hohen sakralen Kulturgutes vom ehemaligen Friedhof von Baden-Baden zur Stiftskirche im Jahre 1967, ohne dass es zu Bruch gegangen ist, ist eine bewundernswerte Leistung.

TIPP

Besichtigung mit dem Rundweg durchs Bäderviertel mit Friedrichsbad und römischen Badruinen verbinden.

In den letzten Jahrzehnten zeigte sich allerdings, dass das unterirdische Thermalwasser der Stiftskirche zusetzt. Die Folge: Salzausblühungen an den Wänden und aufbrechender Putz. Seit 2020 findet deshalb eine umfassende Renovierung statt. Damit die Kirche 2023 in neuem Glanz erstrahlt, können Patenschaften übernommen werden – etwa für ein Stück Fußboden im Kirchenschiff.

Viele Baden-Badener verbinden schöne Erinnerungen mit der Stiftskirche: etwa an das Läuten der Glocken, die Taufen oder glückliche Brautpaare beim Jawort. Auch für den heutigen Prinzen Bernhard von Baden ist die Stiftskirche mit der Geschichte seiner Familie verbunden, was ihn dazu bewogen hat, die Schirmherrschaft für die Sanierung zu übernehmen.

● Stiftskirche Liebfrauen Baden-Baden, Marktplatz 1, 76530 Baden-Baden
www.meine-stiftskirche.de
● ÖPNV: Bus 201, 204, 205, 206, 207, 214, 216, 218, 243, 244, Haltestelle Leopoldsplatz

Liebe zu schönen Dingen

Kunstvolle Kopien im Frida-Kahlo-Museum

Wer in der Güterbahnhofstraße unweit des Ooskanals weilt, vermutet nicht, dass sich in diesem Areal mit seinen industriellen Zweckbauten auch eine einzigartige Institution befindet: das Frida-Kahlo-Museum. Entstanden ist es, weil die leidenschaftlichen Kunstsammler und Liebhaber mexikanischer Kultur Dr. Mariella Remund und Hans-Jürgen Gehrke die Türen ihres privaten Museums im Jahre 2009 öffneten. Als einziges Museum in der ganzen Welt hat es die Erlaubnis erhalten, Repliken aller Werke der mexikanischen Künstlerin herstellen zu lassen. Die Besucher können in der Ausstellung entdecken, wie sehr Frida Kahlo Schönheit und Eleganz liebte – und wie sie ihren eigenen, von Schmerzen gezeichneten Körper mit Kleidern und Schmuck bedeckte. Wie in einem Tagebuch halten ihre Bilder auf offene und mutige Weise

TIPP

Natur statt Kultur? Der Ooskanal führt zum Naturschutzgebiet Bruchgraben mit asiatischen Wasserbüffeln.

ihre Gefühle fest und erlauben Einblicke in ihr Leben, inklusive der Leiden und Verluste. Trotz ihres nur kurzen und bewegten Lebens hat Kahlo ein einzigartiges Werk hinterlassen, das die Herausforderungen des Lebens – Widerstände, Liebe, Leidenschaft – darstellt und die Menschen noch heute berührt.

Frida Kahlos Wurzeln reichen bis nach Baden-Baden zurück: Ihr Vater Carl Wilhelm wurde zwar in Pforzheim geboren, zog aber später mit der Familie in die Bäderstadt. 1890 siedelte die Familie nach Mexiko über, wo Frida als Magdalena Carmen Frieda Kahlo y Calderón geboren wurde.

Doch wie sind Fridas Gemälde und Bilder einzuordnen? Hans-Jürgen Gehrke sagt dazu: „Man hat versucht, ihre Werke den Surrealisten zuzuordnen. Aber Frida hat gesagt: Ich male keine Träume, ich male mein eigenes Leben." Insofern berühren ihre Bilder und Fotografien die Betrachter emotional, weil sie verdeutlichen, wie kraftvoll wir unser Leben trotz aller widrigen Umstände bewältigen können. Vorgemacht hat dies Frida Kahlo, die ihre Leiden in Kunst verwandelt und somit ihr Leben als Kunstwerk gestaltet hat.

● Frida-Kahlo-Museum, Güterbahnhofstraße 9, 76532 Baden-Baden
www.kunstmuseum-gehrke-remund.org
● ÖPNV: diverse Busse, Haltestelle Baden-Baden Bahnhof,
von dort ca. 5 Minuten Fußweg

Kunst für die Massen

Die Staatliche Kunsthalle

Es gab einmal ein Ausstellungsgebäude mit Kunstwerken vor dem Theater. Aber seine Kapazität stieß irgendwann an eine Grenze und es genügte den Ansprüchen der Künstler und des Publikums nicht mehr. Doch woher einen Raum nehmen, um alldem gerecht zu werden? Was für ein Glück, dass nun gleich drei Mäzene zusammentrafen: der Hauptsponsor Robert Engelhorn, der Maler Karl Hollmann sowie der Bankier Emil Meyer. Allen lag das künstlerische Tun so sehr am Herzen, dass sie sich entschlossen, ein Gebäude in der Bäderstadt zu suchen, um Werke der bildenden Kunst dauerhaft ausstellen zu können. Das architektonische Endergebnis: ein heller Sandsteinbau im späten Jugendstil, der im Jahre 1909 als Ausstellungshalle der Freien Künstlervereinigung Baden e. V. eingeweiht wurde und sich fortan als ein Ort für Kunstkenner und „Einsteiger" entwickelte. Aus finanziellen Gründen übergab der Stifter Engelhorn die Kunsthalle 1927 an das Land Baden, wodurch sie zur „Staatlichen Kunsthalle" wurde.

TIPP

Das Café Kunsthalle verbindet auf der großen Sonnenterrasse Kunst und Genuss.

Die Kunsthalle ist Plattform und Forum für den Dialog unterschiedlicher Medienkünste und brachte erste Massenschauen – etwa über den Surrealisten Salvador Dalí (1971) – in die Bäderstadt. Ganz andere Akzente setzte man mit „Room Service – Vom Hotel in der Kunst und Künstlern im Hotel" (2014), wobei gleich sechs Baden-Badener Hotels einbezogen wurden. 2016 zeichnete „Gutes böses Geld. Eine Bildgeschichte der Ökonomie" mit einer Vielzahl historischer und aktueller Werke nach, wie Künstler Geld und den Umgang damit ins Bild gesetzt haben. Dass heute auch virtuelle Kunsterlebnisse immer wichtiger werden, können Besucher mithilfe von Smartphone & Co. erfahren.

Das denkmalgeschützte Gebäude ist mit dem Museum Frieder Burda durch eine Brücke verbunden, die auch optisch die Verbindung zwischen der öffentlichen Institution und dem privaten Museum symbolisiert.

● Staatliche Kunsthalle, Lichtentaler Allee 8a, 76530 Baden-Baden,
Tel. (0 72 21) 30 07 64 00, www.kunsthalle-baden-baden.de
● ÖPNV: Bus 201, 204, 214, 216, Haltestelle Augustaplatz

Beruhigendes Plätschern

Von Sintersteinfontäne bis Georgsbrunnen

Brunnen gehören zum Stadtbild. Sie verschönern so manchen tristen Platz, dienen als kommunikativer Ort und sorgen im Sommer zudem für ein gesundes Kleinklima. In der Bäderstadt markieren sie nicht nur Lebensräume, sondern faszinieren durch ihre dekorativen Bauweisen und beglücken durch ihre Geschichten.

Allen voran der Sintersteinbrunnen in der Lichtentaler Allee – mit seiner Fontäne ein hübsches Fotomotiv. Bei den pyramidenförmig aufgeschichteten Steinen handelt es sich um kalkhaltiges Sintergestein der Thermalquellen. Entstanden ist es am Florentinerberg beim Friedrichsbad.

Ins Schmunzeln kommen die Besucher am jahrhundertealten Marktbrunnen bei der Stiftskirche. Denn an Markttagen wurde früher das Wasserbecken kurzerhand umfunktioniert und als Fischbecken benutzt. Der „fünften Jahreszeit" – der Fastnacht – ist der Narrenbrunnen im Stadtteil Baden-Oos gewidmet. Der am 11. 11. 1986 eingeweihte Brunnen weist eine spektakuläre Besonderheit auf: Dank eines besonderen Röhrchens kann anstelle von Wasser auch Wein aus dem närrischen Brunnen fließen.

Zu den bekannten Brunnen zählt gewiss auch der Muschelträgerbrunnen im Jugendstil oberhalb vom Bismarckplatz. Seine über 100-jährige Geschichte prägte auch ein Diebstahl: Im Jahr 2014 wurde die Statue des Muschelträgers entwendet. Doch rührige Freunde der jungen Kunst schafften es mit Spenden, diesen Brunnen zu rekonstruieren und das Wasser neu fließen zu lassen.

Dass die Brunnenkultur nicht vergessen wird, hat sich der Verein Stadtbild zum Ziel gesetzt. Er sorgt seit etlichen Jahren dafür, dass diese Kleinode wieder sprudeln und Menschen mit ihrem Nass erfrischen. Die Besonderheit und Atmosphäre vieler Brunnen hat die gebürtige Baden-Badenerin Brigitte Nowatzke-Kraft aufgegriffen und ihnen mit kraftvollen Pinselstrichen ein Denkmal gesetzt. Beispielsweise dem Georgsbrunnen am Römerplatz, der sogar den großen Stadtbrand von 1689 überstanden hat.

● Sintersteinbrunnen, Lichtentaler Allee 1, 76530 Baden-Baden; Marktbrunnen, Marktplatz, 76530 Baden-Baden; Ooser Narrenbrunnen, Ooser Bahnhofstraße, 76532 Baden-Baden; Muschelträgerbrunnen, Ecke Fremersbergstraße/Bismarckstraße, 76530 Baden-Baden; Georgsbrunnen, Römerplatz, 76530 Baden-Baden

Stich den Buben

Reblandmuseum und Stadtfest in Steinbach

Die kleine Reblandgemeinde Steinbach mit dem Ortsteil Umweg ist geschichtlich sogar mit dem großen König Richard von Cornwall verbunden. Denn als einer der wenigen deutschen Orte bekam es 1258 per Königsurkunde das Stadtrecht verliehen. Das bedeutete fortan: eine Stadtmauer bauen können und einen Wochenmarkt abhalten. Aus dieser Zeit geblieben sind die mittelalterlichen Fachwerkhäuser, Tore und das heutige Reblandmuseum, in dem die facettenreiche Geschichte dargestellt wird. Aber auch des ruhmreichen großen Sohnes der Stadt, Meister Erwin von Steinbach, Steinmetz und Schöpfer der Westfassade des Straßburger Münsters, wird gedacht.

Wer auf seinen Spuren wandeln möchte, der schlendert zum monumentalen Meister-Erwin-Denkmal oberhalb des Steinbacher Friedhofs.

TIPP

Einen Besuch lohnt
auch das Café
Konditorei Vollmer
mit leckerer
Flockentorte als
Hausspezialität!

Dort steht die Buntsandstein-Skulptur des Steinmetzes, dessen Blick nach Südwesten in Richtung Straßburg gerichtet ist. Hier hat er die berühmte und einzigartige Rose der Westfassade geschaffen, die mit fast 14 Metern zu den größten in Europa zählt. Auch soll von ihm der Plan des Freiburger Münsterturms stammen.

Eine andere bekannte Figur ist der Meisterkoch Hanns Stich den Buben, der im Dienste von Markgraf Karl I. die Lage „Stich den Buben" erhalten hatte, die älteste Einzellage des Reblandes um Steinbach. Unter den Weinkennern zählt sie zu den bekanntesten und wohl auch ältesten Lagebezeichnungen in Baden. In dem Namen „Winzerhaus Hans Stich den Buben" erinnerte die Winzergenossenschaft Steinbach und Umweg jahrelang an diese spezielle Rebenlage.

Einmal im Jahr im Sommer wird der eher beschauliche Ort zum Schauplatz eines dreitägigen Spektakels namens „Mittelalterliche Winzertage" mitten im Zentrum – dem „Städtl". Als das größte Straßenfest im Rebland bietet es in den geschmückten mittelalterlichen Straßen, Gassen und Winkeln neben Brauchtum und regionalen kulinarischen Angeboten selbstverständlich auch den legendären Tropfen „Stich den Buben".

· ·

● Steinbach, 76534 Baden-Baden
● ÖPNV: Bus 214, 216, 261, Haltestelle Postplatz

Kein Fluss und kein Bach

72 Die Oos – das blaue Band der Stadt

Sie beginnt als kleines Bächlein und bekommt später in der Stadt ihren großen Auftritt: die Oos. Über sie führen kunstvoll geschmiedete Brücken und Stege, gesäumt von blühenden Blumen und Bäumen in der Lichtentaler Allee – ein harmonischer Akzent. Wie ein Band durchzieht sie die Parklandschaft mit der Museumsmeile, Villen, herrschaftlichen Parks, Gärten, Sterne-Hotels und Kult-Restaurants. Ohne dieses Wasser würde in der Bäderstadt etwas fehlen.

Und das, obwohl ihr der bekannte Komponist und Musikdichter Friedrich Holländer in seiner „Ode an die Oos" dem Wasserlauf nicht unbedingt eine Lobeshymne dichtete: „Für'n Fluss zu klein, für'n Bach zu groß. Nicht viel los mit der Oos, bisschen Steine, bisschen Moos, kein Getöse, plätschert bloß, macht sich nicht auf virtuos, fragt nicht viel nach Wie's und Wo's."

TIPP

Idyllischer Fußweg durch die Gartenstadt Ooswinkel mit Gärten zur Oos im Westen der Stadt.

Dabei prägt die Oos das gleichnamige Tal und fließt auf ihrem Weg an Glücksorten wie dem Kloster Lichtenthal vorbei, strömt durch die westlichen Stadtteile von Baden-Baden und geht in den Ooser Landgraben, um schließlich nach 25 Kilometern bei Rastatt in die Murg zu münden.

Als Grenzflüsschen zwischen den Bistümern Straßburg und Speyer spielte die Oos ebenfalls eine Rolle. Ein Dorn im Auge waren dem Straßburger Bischof alle Gründungen von Frauenklöstern, zu denen das Kloster Lichtenthal zählte. Markgräfin Irmengard entledigte sich trickreich dieses Zwists, indem sie die Oos einfach umleitete, sodass das Kloster nunmehr rechts der Oos lag und zum Bistum Speyer gehörte. Katastrophale Zustände nach heftigen Regenfällen und dem berüchtigten Wolkenbruch vom August 1851 machten schließlich Korrekturen der Oos notwendig. Der Karlsruher Wasserbauingenieur Johann Gottfried Tulla war es dann, der nicht nur ein Sumpfgebiet im Westen der Stadt trockenlegte, sondern auch – vor allem entlang der Lichtentaler Allee – der Oos ein neues Flussbett zuwies. Das rauschende Gebirgsflüsschen kommt an bei den Gästen, weil es zum harmonischen Ensemble der Stadt und zum Schwarzwald-Feeling dazugehört.

Ein Berg für Ausflügler

 73 Aussicht genießen auf dem Fremersberg

Aller guten Dinge sind drei. Das trifft auf die Aussichtstürme auf dem Fremersberg zu, denn schon immer wollte man ein Ausflugsziel für die Gäste im Stadtwald haben. Schon 1893 gab's den ersten, dann folgte 1954 ein zweiter und 1961 der dritte, der als Sendeturm des SWR heute die markante Höhe des Berges krönt.

Für Wanderwillige gibt es zwei Möglichkeiten, zum 525 Meter hohen Berg zu gelangen: einmal vom Westhang mit einem idyllischen Bergsee am Hüttenweg, zum anderen auf dem Osthang oberhalb des Golfclubs von der Entenstallhütte aus. Diese Glückswege waren schon immer bei Spaziergängern und Ausflüglern beliebt. Dem trug die Stadt Rechnung, indem sie 1893 mit einem steinernen Aussichtsturm einen weiteren Anziehungspunkt im reizvollen Stadtwald schuf. Leider musste der Turm wegen Einsturzgefahr 1954 wieder abgebrochen und durch einen stabileren Turm ersetzt werden. Schließlich kam es zum Bau des dritten Turms, der dem SWF (Südwestrundfunk, heute SWR) als Funkturm und Besuchern zugleich als Aussichtsturm dient – seine unverwechselbare Silhouette wird von den Autofahrern schon bei der Anfahrt von der Autobahn in Richtung Baden-Baden wahrgenommen. Über 144 Stufen können die Besucher den 30 Meter hohen Turm erklimmen. Die Belohnung: eine Spitzensicht auf das Oostal mit Baden-Baden und seinem Hausberg Merkur, die Schwarzwaldberge, Rheinebene und Vogesen.

Außergewöhnlich ist, dass dem beliebten Berg sogar künstlerische Denkmäler gesetzt wurden: im Tongemälde „Fremersberg" und in einem Fresko der Trinkhalle, wo malerisch die Sage um den Fremersberg und die Gründung des dortigen Klosters umgesetzt wurde.

Neben den Ausblicken bietet der Fremersberg seit 1884 auch einen gastronomischen Verweilpunkt an. Aus einem einfachen Gasthaus im Stil eines Blockhauses wurde eine Gaststätte mit Biergarten, die mit badischen Gerichten wie „Käsespätzle mit schmutzigen Kartoffeln" und einer „Turm-Triologie" aufwartet. Traumhafte Sonnenuntergänge inbegriffen.

· ·

● Fremersberg, 76530 Baden-Baden
www.turmfremersberg.de
● ÖPNV: Bus 216, Haltestelle Entenstallhütte, dann kurze Wanderung

Ritterburg mit Weitblick

74 Wahrzeichen des Reblandes: die Yburg

Schon ihr Name macht neugierig: Yburg. Doch für die ungewöhnliche Schreibweise mit dem Buchstaben Y gibt es eine plausible Erklärung: Die Burg befindet sich auf dem exponierten, 539 Meter hohen Yberg, und dieser hieß früher einmal „Eibenberg", da er von vielen der immergrünen Gewächsen geprägt war. Im Laufe der Zeit wandelte sich der Name von „iwe" über „Iberc" bis hin zum „Yberg" mit seiner „Yburg". Das beliebte Ausflugsziel und Wahrzeichen des Reblandes wird auch deswegen besucht, weil sich vom Bergfried ein wunderbarer Blick auf das Rebland und den Schwarzwald eröffnet. Die Anfänge der mächtigen Burg liegen dagegen im Dunkeln, obwohl einiges darauf hindeutet, dass die Markgrafen von Baden die Erbauer der 1245 urkundlich erwähnten Burg waren. Angeblich sollen hier sogar Alchemisten mit dem zwielichtigen Markgrafen Eduard Fortunat gehaust haben. Als dieser durch Misswirtschaft die Markgrafschaft Baden verlor, versuchte er 1594 mit zwei italienischen Alchemisten, in den Kellergewölben der Yburg Gold herzustellen. Als dies misslang, soll er falsche Münzen geprägt und in Umlauf gebracht haben. Längst ist das Geschichte, geblieben ist die Burg mit ihrer Panorama-Aussicht und der romantischen Atmosphäre im alten Burghof mit Bäumen. Das Gasthaus im Schweizer Stil mit seinen wunderschönen Vordächern lädt zum Verweilen und Genießen der gutbürgerlichen badischen Küche samt Omis hausgemachtem Kuchen ein. Burgspezialitäten wie „Y-Burger für alle Y-Bürger", „Flambierter Rittergalgen" und „Original königliches Käsefondue" lassen die Gäste schnell zum Ritter und zur Burgfrau werden. Beliebt sind auch Fackelwanderungen der „Burgelfen" mit abschließendem Glühwein auf der Aussichtsterrasse oder im Burginnenhof. Viele Details zeigen die Liebe zur Gastlichkeit, die auch im Inneren des Restaurants ihre Fortsetzung erfährt: In warmen Tönen von Gelb, Rot und Grün versprühen die Räume uriges und gemütliches Ritterflair.

TIPP

Wanderung zu Rebberghütte mit fantastischem Ausblick über das Rebenumland bei Steinbach und Neuweier.

● Yburg, Burgruine 1, 76534 Baden-Baden
www.yburg.net

Pop-Art und Fliesenkunst

75 Geschichte erleben im Stadtmuseum

Man muss es gesehen haben: das Werk des Künstlers und Pop-Art-Malers James Rizzi. Es ist eine handsignierte Originalgrafik, die seine Beziehung zu Baden-Baden dokumentiert und im Stadtmuseum im Alleenhaus hängt. Darauf zu sehen sind fotografische Abbildungen der altehrwürdigen Stiftskirche und des Neuen Schlosses, über die jede Menge der bekannten poppig bunten Rizzi-Birds, Ballons und Ufos schwirren, aber auch die für den Künstler typischen lachenden Cartoonfiguren. Und über allem prangt der von ihm geprägte Satz: „Baden-Baden – so good they named it twice" („Baden-Baden – so gut, dass man es doppelt benannte"). Ganz anders wirkt das mehrere Meter breite Stadtbild von 1900, das aus 340 Einzelfliesen zusammengesetzt ist. Es entstammt der Ofenfabrik von Carl Roth, eine eindrucksvolle Rarität.

TIPP

Lange Nacht der Museen und Sommerfest am Stadtmuseum.

Das sind zwei von vielen Kunstwerken, die die vielfältige Bäderstadt-Geschichte dokumentieren, wobei das Museumshaus selbst Teil dieser Geschichte ist. Denn an der heutigen Stelle befand sich einst ein Gutshof der Markgrafen von Baden, der erstmals 1480 erwähnt wurde. Heute präsentiert das Museum die Historie der Stadt von den römischen Anfängen bis zur Gegenwart. Beispielsweise römische Badeutensilien aus dem 2./3. Jahrhundert n. Chr. und ein großflächiges farbiges Wandbild mit Pfauendarstellungen aus der Rotunde des ehemaligen Kaiserin-Augusta-Bades um 1890; oder Accessoires der internationalen Kurgesellschaft des 19. Jahrhunderts, ebenso wie das Original Klondyke- oder Pferde-Roulette der 1920er-Jahre; ferner Zitate berühmter Personen und Anekdoten, die man über einen Audioguide anhören kann.

Wechselnde Sonderausstellungen zu kultur- und stadthistorischen Themen – in Zusammenarbeit mit der Staatlichen Kunsthalle auch kombiniert mit zeitgenössischen Kunstpositionen – zeigen, wie vielseitig das Angebot ist. Dass Historie spannend sein kann, verdeutlichen die lebendigen Einblicke des Stadtmuseums – ein Glücksort, den man nicht verpassen sollte.

● Stadtmuseum, Lichtentaler Allee 10, 76530 Baden-Baden, Tel. (0 72 21) 93 22 72
www.stadtmuseum-baden-baden.de
● ÖPNV: Bus 201, 204, 214, Haltestelle Augustaplatz; Bus 216,
Haltestelle Lichtentaler Allee/Museen

Farbenprächtige Natur

76 Erlebnisreich: der Baden-Badener Panoramaweg

„Der Weg ist das Ziel", so lautet ein Konfuzius-Zitat. Getreu diesem Motto reichen Schritte und Touren auf dem 45 Kilometer langen Baden-Badener Panoramaweg, um glücklich zu sein und zu werden. Daher ist es gleichgültig, an welcher Stelle man beginnt. Allemal ist es ein Naturerleben vom Feinsten, mit großem Reichtum an Abwechslung und außergewöhnlichen Erlebnissen – Sightseeing mit sportlicher Note als inspirierender Genuss-Cocktail. Das wusste schon 1997 der Natur-Soziologe Dr. Rainer Brämer, Experte für Zertifizierung von Wanderwegen der Universität Marburg, der dem Weg eine Spitzenbewertung ausstellte.

Sehr hilfreich ist, dass die Baden-Baden Kur & Tourismus GmbH eine Karte mit vier Touren zwischen 8 und 14 Kilometern bei maximal 460 Höhenmetern zusammengestellt hat, die je nach Kondition und Laune kombiniert oder zeitlich unabhängig voneinander begangen werden können. Als Startpunkt könnte das Kurhaus gewählt werden, von dem der Weg zum berühmten Kletter- und Naturschutzgebiet Battert und weiter bis ins Geroldsauer Tal mit seinen engen Schluchten und rauschenden Bächen führt. Wer den Ausgangspunkt lieber an die Talstation der berühmten Merkurbahn legt, erlebt ebenfalls Wege-Highlights: ein Wildgehege mit einem Hochsitz-Verweilplatz, den sonnenverwöhnten Heuberg und den Schafberg mit Passagen an knorrigen Streuobstbäumen entlang, ausgedehnte Grünlandflächen, die von tierischen Landschaftspflegern wie Schafen und Rindern stoisch gepflegt werden, sowie facettenreiche Mischwälder, ehe der Forellenhof mit TV-Kult-Status der 1960er-Jahre erreicht wird. Dann führt der ursprünglichste aller vier Tourenabschnitte mit viel Wald zu den Geroldsauer Wasserfällen. Weitere Stationen sind der Louisfelsen, das Waldhaus Batschari und Oosscheuern.

TIPP

Auf der Etappe von der Geroldsauer Mühle zum Kurhaus beim Louisfelsen das wunderbare Panorama auf die Stadt genießen.

● Panoramaweg Baden-Baden, Start zum Beispiel am Kurhaus Baden-Baden, Kaiserallee 1, 76530 Baden-Baden
www.baden-baden.com/media/touren/panoramaweg-baden-baden
● ÖPNV: Bus 201, 204, 205, 206, 207, 214, 216, 218, 243, 244, Haltestelle Leopoldsplatz

Kirchlein mit Aussicht

Die Josefs-Kapelle bei Varnhalt

Es ist schon allein die unvergleichliche Lage der Josefs-Kapelle, die ein Glücksgefühl aufsteigen lässt: oberhalb des Ortes Varnhalt, inmitten der Weinberge mit Blick zum Fremersberg, zur Yburg, Rheinebene und Vogesen. Als Wanderer mag man immer wieder darüber staunen, dass ein solches Kleinod diese reizvolle Landschaft bereichert: Es war das Varnhalter Unternehmer-Ehepaar Rosa und Josef Schnell, das die etwas anders gestaltete Kapelle im Jahre 1989 erbauen und im gleichen Jahr einweihen ließ. Mit diesem Werk wollten beide die Erinnerung an ihre Banater Heimat wachhalten, aus der sie vertrieben worden waren. Gleichsam drückt es aber auch die Dankbarkeit dafür aus, dass sie in Varnhalt eine sichere Bleibe finden konnten.

Es sind viele Details, welche die Weinberg-Kapelle so sehenswert machen: einmal die Glocke, die in der aufgesetzten, geschwungenen Dachfläche hängt. Im Innern des Kleinods sind farbige Glasfenster ein Blickfang und rings um den eigenwilligen Kapellenbau sorgen Rhododendron- und Fliederbüsche für Hingucker. Keine Frage – das Panorama zwischen Riesling-, Müller-Thurgau- und Burgunderreben lädt zum Innehalten ein.

TIPP

Café-Restaurant
Röderswald:
Genießen
in der Natur
inmitten
von Weinreben.

Neben dieser Besonderheit prägen den Ort Varnhalt bis heute seine grüne Geschichte und Brauchtum. Denn ausgerechnet die Farne – Dinosaurier unter den Grünpflanzen – waren ausschlaggebend für den Namen des Ortes, der einst als „Farnhalde" bezeichnet wurde. Nicht nur die filigranen Wedel sollen sich rund um den Ort wohlgefühlt haben, sondern auch die Reben, die Varnhalt einen Spitzenplatz im Weinbau bescheren. Einen Brauch hat sich die Weingemeinde bis heute mit dem „Varnhalter Pfingstkönig" bewahrt. Die kuriose hohe Mannsgestalt – auch „Pfingsteck" genannt – besteht aus einem pyramidenförmigen Gestell, das von grünen Blättern und Farnwedeln umwunden ist, unter dem die Männer an Pfingsten durch die Straßen ziehen und für einen guten Zweck Geld sammeln. Eine von vielen Interpretationen besagt, dass damit das Wachstum und die Fruchtbarkeit von Feldern und Weiden beschworen werden sollen.

● Josefs-Kapelle Varnhalt, 76534 Baden-Baden
● ÖPNV: Bus 216, Haltestelle Varnhalt Kirche, von dort ca. 20 Minuten Fußweg

Hoch oben am Hügel

78 ## Im ältesten Reblandweingut Nägelsförst

Hoch oben am Hügel, in Reichweite der Yburg, liegt das Weingut Nägelsförst: eingebettet in grünwellige Landschaft, einen Park mit altem Baumbestand, eine Blühwiese und Reben, so weit das Auge reicht. Schon 1268 urkundlich erwähnt, entstehen auf dem ältesten Weingut der Baden-Badener Region Spitzenweine – wie etwa der Riesling „Klosterbergfelsen" –, die in die bekannten Schlegelflaschen abgefüllt werden. Alle Boutique-Weine tragen Namen, die Glücksmomente heraufbeschwören, die man auf dem Gut erleben kann, beispielsweise Bergliebe, Talblick, Morgenvogel, Flugkünstler, Trinkstorch und Wildromantik. Verwunderlich ist es daher nicht, dass auf den Weinetiketten der Storch als Silhouette elegant seine Runden über dem gegliederten Meer der Weinberge mit insgesamt etwa 170.000 Reben zieht.

TIPP

Wanderung durch Weinberge, Wiesen und Wälder zur Yburg.

Die Vielfalt dieser Glücksmomente im Glas lässt sich erschmecken, wenn man etwa als Wanderer nach einem gut 7 Kilometer langen Rundweg über den Klosterbergfelsen sein Viertele „Umweg zum Glück" samt kleinem Vesper in der „Straussie" (Straußwirtschaft) genießt. Traditionell ist diese in den Sommermonaten geöffnet und bietet neben neuen Weinen Flammkuchen sowie regionale Spezialitäten an. Wer Grand-Cru- und Premier-Cru-Weine oder ein Gläschen Crémant bevorzugt, wird ebenfalls glücklich – und kann am Glas nippend den Blick bis hinüber zu den Vogesen schweifen lassen. Beliebt ist das Gut bei Hochzeitspaaren, die seine historischen Räume als passenden Rahmen für ihre romantische Feier inmitten des Rebenmeers nutzen.

Vielleicht liegt das Geheimnis der ausdrucksvollen Weine auch in der Lagerung in den exquisiten Barriquefässern, wie sie auch in Bordeaux, Rioja und der Toskana verwendet werden. Bleibt noch die Auflösung des ungewöhnlichen Namens Nägelsförst. Dieser leitet sich von einem Forstbetrieb ab, der einst zum Gut gehörte. Verantwortlich war ein Förster namens Nägele …

● Weingut Nägelsförst, Nägelsförst 1, 76534 Baden-Baden, Tel. (0 72 21) 3 55 50
www.naegelsfoerst.de

Stilvolle Keramik

79

Axel Eisenack Manufaktur für Ofenkacheln

Es ist ein lang gezogener, dreistöckiger Bau in unmittelbarer Nähe zum Baden-Badener Bahnhof mit Hallen, Lagern und Werkstätten, wo einst die Kachelofenfabrik Löw ihren Sitz hatte. Mittlerweile wirkt dort der Kachelofenbauer Axel Eisenack mit seinem Team, baut Modelle und Formen von späteren Kacheln und entwickelt passende Glasuren. Dabei zeigt sich, dass bei der künstlerischen Arbeit auf vieles geachtet werden muss: auf Glasurfarben etwa, die erst nach dem Brennvorgang sichtbar werden. Als Grundmaterialien verwendet der Meister übrigens die Naturwerkstoffe Ton und Schamotte – die letztlich die wohlige Wärme in den Wohnräumen verbreiten. Und wer für die Grillsaison Keramik-Pizzasteine und Steine für den Gasgrill und Elektro-Ofen benötigt, findet sie ebenfalls in der Manufaktur.

TIPP

Unweit den Oos-Lehrpfad entlangschlendern und sich mit den Schautafeln zum Lebensraum Wasser beschäftigen.

Als europaweit gefragter Spezialist rekonstruiert Axel Eisenack Ofenkacheln für Heim, Schloss und Freiluftmuseum, kreiert aber auch völlig neue Kacheln. Bei einer Führung geht es auch in ein großes „Kachelarchiv", in dem sich auf mehreren Holzetagen Tausende von Mustern und Motiven stapeln. Hier sind selbst Muster auszumachen, die nach über 150 Jahren immer noch verwendet werden können.

Ein besonderer Auftrag kam aus dem Schloss Versailles: „Als Manufaktur mussten wir im Zuge von Restaurierungsarbeiten einen keramischen Badezimmerofen für einen Raum nachfertigen", erzählt Eisenack. Zur außerordentlich schwierigen Vorgehensweise gehörte etwa das Freilegen des originalen Reliefs unter dicken Glasurresten. Dies zeigt exemplarisch ein Detail der hohen Kunst der Kachelmanufaktur, in der auch Modelle wie dekorativ gedrehte Schneckenschüsseln, großformatige bemalte Rahmenkacheln, Reliefkacheln mit Figuren und gegenständliche Abbildungen verschiedener Stilepochen neu entstehen. Bei einem Rundgang berichtet Eisenack, wo seine Werke zu finden sind: etwa in den Kacheln des Friedrichsbades oder den Fayence-Öfen im Schloss Rohan in Straßburg.

....

● Axel Eisenack Manufaktur für Ofenkacheln, Güterbahnhofstraße 9, 76532 Baden-Baden, Tel. (0 72 21) 9 17 70, www.kachelmanufaktur.de
● ÖPNV: diverse Busse, Haltestelle Baden-Baden Bahnhof, von dort ca. 5 Minuten Fußweg

Paris in Baden-Baden

80 Das grüne Flair der Cité

Träumen macht glücklich – etwa vom Urlaub in der Bretagne oder in Paris. Ein Stück weit ist dieses Flair nahe dem Zentrum in der Cité, der „Stadt in der Stadt", zu spüren: ein gänzlich anderer Stil durch junges, modernes Wohnen im Grünen. Reizvoll sind Entdeckungen der Besonderheiten: So zeigen der französische Name ebenso wie die Quartierbezeichnungen „Paris", „Normandie" und „Bretagne" die Verbundenheit mit dem Nachbarn. Auch in Gebäuden wie dem „Maison Paris" und den Straßen, die Namen berühmter französischer Literaten tragen, wird das Verbindende gepflegt. Als „kleines Frankreich" ist die Cité als ehemaliges französisches Kasernen- und Militärsiedlungsgelände mit Wohnungen, Supermärkten, Kirche und Grundschule und bis zu 15.000 Bewohnern geprägt worden. Mit dem Abzug der französischen Streitkräfte aus Deutschland im Jahre 1999 entstand auf dem Gelände ein neues Stadtviertel mit deutsch-französischen Wurzeln – das zeigt sich etwa auf den Spielplätzen „Bretagne" und „Paris". Hier können Kinder die vielfältige Welt dieser Regionen in Miniatur erleben, während die Eltern und Begleitpersonen sich in die Welt des Kindseins hineinversetzen können: vom bretonischen Fischerdörfchen mit bunten Häuschen bis hin zum 3 Meter hohen Küsten-Kletterfelsen. Oder dem „Eiffelturmspielplatz", der durch den 12 Meter hohen Turm mit Rutsche und Klettermöglichkeiten sehr beliebt ist.

Wer durch die Straßenzüge schlendert, wird von der gelungenen architektonischen Verbindung von Gebäuden und Grünanlagen beeindruckt sein. So etwa von den „Krahn Lofts", die durch ihre verschiedenen Wohnformen das Wohngebiet „Paris" mitprägen. Unweit davon der Campus mit der Event-Akademie, an der Spezialisten für Veranstaltungen ausgebildet werden. Die Besten des Jahrgangs werden im deutschlandweiten Nachwuchspreis „Baden-Baden Award" in der Akademiebühne ausgezeichnet – einer ehemaligen Kirche. Eine besondere Location ist auch das Multiplex-Kino Cineplex mit acht Kinosälen mit tollem Blick über Baden-Oos von der Sky Lounge.

TIPP

Der Jagdhaus-Rundweg startet beim Spielplatz „Bretagne" und führt durch Buchenwald, Streuobstwiesen und am markgräflichen Jagdhaus vorbei.

· ·

● Cité, 76532 Baden-Baden
● ÖPNV: Bus 205, 207, Haltestelle Gewerbepark Cité

Für Brigitte, die Baden-Baden in ihr
Herz geschlossen hat.

Ein dickes Dankeschön für die Unterstützung an:
Nora Waggershauser und ihr Team bei der Baden-Baden Kur & Tourismus GmbH
für Tipps und Bildvorlagen,
Roland Seiter und sein Team bei der Stadt Baden-Baden, Fachbereich Zentrale Dienste,
Fachgebiet Presse, Medien und Kommunikation,
alle städtischen Abteilungen (Archiv, Museen, Park und Gärten, Thermen),
die Stadtwerke Baden-Baden (Patric Lainé Verkehrsbetriebe, Fahrbetrieb),
den SWR sowie den Menschen der Glücksorte, die mir bereitwillig
Rede und Antwort standen, nicht zuletzt Lektorin Anna Lefringhausen sowie
den Mitarbeitenden im Droste Verlag, die das Glücksorte-Buch
so richtig „rund" werden ließen.

Bibliografische Informationen der Deutschen Nationalbibliothek
Die Deutsche Nationalbibliothek verzeichnet diese Publikation in der Deutschen Nationalbibliografie;
detaillierte bibliografische Daten sind im Internet über http://dnb.d-nb.de abrufbar.

© 2021 Droste Verlag GmbH, Düsseldorf
Konzeption/Satz: Droste Verlag, Düsseldorf
Einbandgestaltung und Illustrationen: Britta Rungwerth, Düsseldorf, unter Verwendung von Bildern von
© Fotolia.com: jd – photodesign.de; © iStock: Plociennik Robert
Fotos: Bernhard Wagner, außer:
S. 13, 19, 37, 41, 87, 89, 127, 133, 151: Baden-Baden Kur & Tourismus GmbH; S. 25: Carasana Bäderbetriebe GmbH;
S. 29: Michael Kauffmann, CC BY 3.0 de (https://commons.wikimedia.org/w/index.php?curid=35639804); S. 33, 93,
139, 147: Gerd Eichmann, CC BY-SA 4.0 (S. 33: https://commons.wikimedia.org/w/index.php?curid=73189838), (S. 93:
https://commons.wikimedia.org/w/index.php?curid=99214778), (S. 139: https://commons.wikimedia.org/w/ index.
php?curid=90619643), (S. 147: https://commons.wikimedia.org/w/index.php?curid=90988266); S. 43: Weingut
Knapp; S. 45: Atelier Altenkirch; S. 49: Archiv Fabergé Museum Baden-Baden; S. 53: Calips – Own work, CC BY-SA 3.0
(https://commons.wikimedia.org/w/index.php?curid=89076320); S. 65: Stadtwerke Baden-Baden; S. 69: karlo54 /
stock.adobe.com; S. 73: Südwestrundfunk (SWR) Baden-Baden; S. 83: Südwestrundfunk (SWR) Baden-Baden, Foto: Bjoern
Pados; S. 87: Oliver Griebl · CC BY 3.0 (https://commons.wikimedia.org/w/index.php?curid=71266602); S. 91: Ballooning; S. 97: Museum Frieder Burda, Baden-Baden, Foto: Klaus Frahm; S. 101: Stadt Baden-Baden, Foto: Roland Seiter;
S. 105: Museum LA8 Baden-Baden, Foto: Thomas Viering; S. 109: Toccarion Baden-Baden, Foto: Michael Bode; S. 113: Bürgergemeinschaft Unterbeuern; S. 143: Frida-Kahlo-Museum; S. 149: Ortsverwaltung Rebland, Steinbach; S. 163: Weingut
Nägelsförst, Foto: David Anton; S. 165: Axel Eisenack Manufaktur für Ofenkacheln

Druck und Bindung: LUC GmbH, Greven
ISBN 978-3-7700-2254-0

www.droste-verlag.de